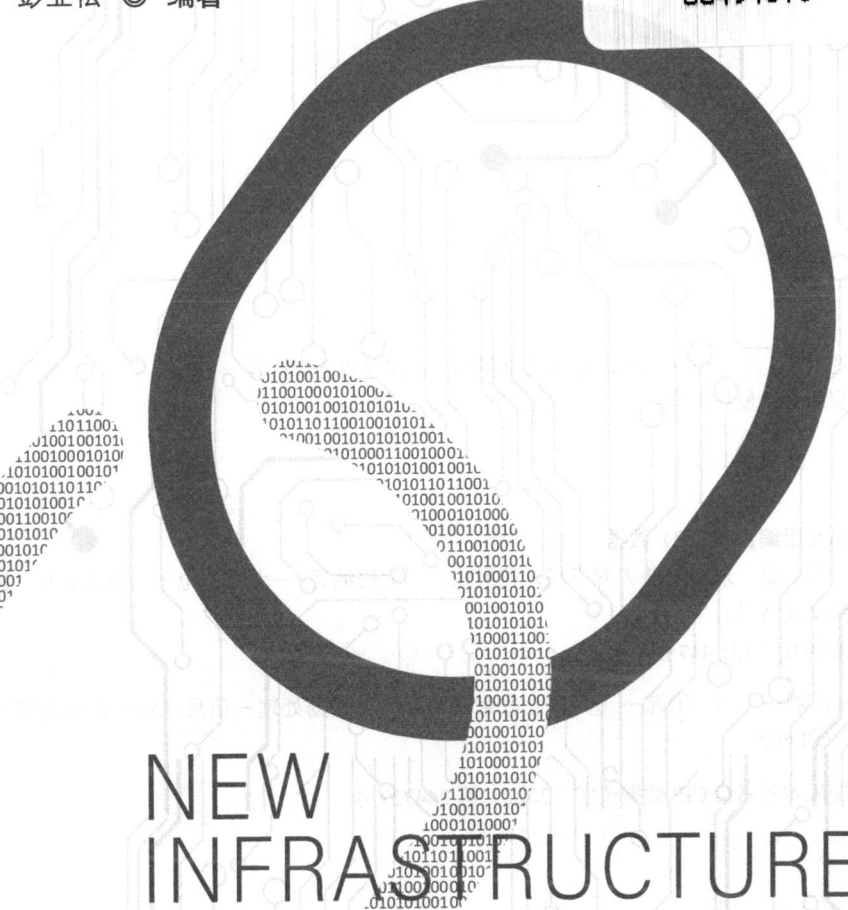

新基建丛书

郑卫城 范灵俊 彭亚松 ◎ 编著

NEW INFRASTRUCTURE

未来之机
城市大数据

电子工业出版社
Publishing House of Electronics Industry
北京·BEIJING

未经许可，不得以任何方式复制或抄袭本书之部分或全部内容。
版权所有，侵权必究。

图书在版编目（CIP）数据

城市大数据：未来之机 / 郑卫城，范灵俊，彭亚松编著. —北京：电子工业出版社，2023.1
（新基建丛书）
ISBN 978-7-121-44763-1

Ⅰ. ①城… Ⅱ. ①郑… ②范… ③彭… Ⅲ. ①数据处理－信息产业－产业发展－研究－贵阳 Ⅳ. ①F492

中国版本图书馆 CIP 数据核字（2022）第 244729 号

责任编辑：刘小琳
印　　刷：北京七彩京通数码快印有限公司
装　　订：北京七彩京通数码快印有限公司
出版发行：电子工业出版社
　　　　　北京市海淀区万寿路 173 信箱　邮编：100036
开　　本：787×1092　1/16　印张：10.75　字数：220 千字
版　　次：2023 年 1 月第 1 版
印　　次：2023 年 1 月第 1 次印刷
定　　价：86.00 元

凡所购买电子工业出版社图书有缺损问题，请向购买书店调换。若书店售缺，请与本社发行部联系，联系及邮购电话：(010) 88254888，88258888。
质量投诉请发邮件至 zlts@phei.com.cn，盗版侵权举报请发邮件至 dbqq@phei.com.cn。
本书咨询联系方式：liuxl@phei.com.cn；(010) 88254538。

编委会

顾　问：谢晓尧　李　刚　安小米　郑　磊　李少波　陈贵平

主　编：郑卫城　范灵俊　彭亚松

副主编：张辅迁　裴莹蕾　潘伟杰　陶　震　叶玉婷

编　委：姚　磊　周　静　刘睿雅　张舒帆

成　员：丛书供稿人（排名不分先后）

徐奕洲　肖　涛　李聆汐　戴　义　黄　刚　邹　颢

刘荣江　王　静　赵珩屹　郑培廷　刘清娴　程　颖

杨凯成　周艾琳　黄　煜　王麒贵　张　实　郭东旭

马　宇　李　浩　吴　畅　吕　虓

序

  2013年，时值IT时代向DT时代过渡，贵州省委、省政府高瞻远瞩提出大数据战略行动。转眼十年已悄然离去，一幕幕一段段记忆犹新。2014年，贵州省开始探索大数据在经济社会发展中的应用；2016年，贵州省被列入国家大数据综合试验区，是全国第一个获此殊荣的省份；2017年，《贵州省大数据发展规划（2017—2020年）》发布；2018年、2019年中国国际大数据产业博览会（简称"数博会"）开幕式上，习近平总书记发来贺信；2021年，贵州省成为"东数西算"工程全国一体化算力网络国家八大枢纽节点之一。一路走来，我们可以感受到贵州省十年来在大数据发展方面的不懈努力和不断突破，以及对全国大数据持续健康发展的重要贡献。

  今日的中国，正站在数字化、网络化和智能化的历史起点上。而贵阳市则凭借其得天独厚的区域优势和人文优势，紧抓时代机遇，积极推进大数据产业的发展，并取得了许多令人瞩目的成果。《城市大数据：未来之机》一书，正是在这一背景之下诞生的。本书以一种新颖的方式从大数据行业一线从业人员的视角认知和实践，呈现了贵阳市从大数据萌芽、数字活市、贵阳大数据交易所（简称"贵数所"）到数博会，再到"东数西算"扬帆远航的历程，深入浅出地阐述了贵阳市在大数据领域取得的成就和经验，也为其他地区的大数据战略制定者和实践者提供了可资借鉴的启示。

  毛主席说过："可上九天揽月，可下五洋捉鳖，谈笑凯歌还。世上无难事，只要肯登攀！"本书作者用实际行动生动诠释了于艰苦卓绝中战天斗地、改天换地的"贵州创新精神"。我衷心祝愿这部著作能够得到广泛的传播，为我们的大数据产业革命掀起新的发展热潮。

是为序。

谢晓尧

贵州省大数据领导小组原副组长

2023 年 4 月 15 日

序二

近年来，以大数据、人工智能、云计算为代表的新一代数字技术蓬勃发展，正在加速推进全球产业分工深化和经济结构调整，重塑全球经济竞争格局。习近平总书记强调，要运用大数据提升国家治理现代化水平。要建立健全大数据辅助科学决策和社会治理的机制。大数据在经济社会发展过程中的重要作用越发突出，已成为衡量国家竞争实力的关键指标。

数据万千，无所不在，无国不用。纵观全球，美国2019年12月发布《联邦数据战略与2020年行动计划》，绘就了未来10年的数据发展愿景；欧盟委员会2020年2月公布《欧盟数据战略》，以数字经济发展为主线，描绘了欧盟委员会在数据方面的核心政策措施及未来投资计划；英国2020年9月发布《国家数据战略》，以数据驱动英国经济社会发展。可以看出，各主要发达国家相继制定了大数据发展的愿景目标及推进路径，全球大数据发展驶入快车道。在国内，大数据对推动产业创新、政府治理、民生服务产生深刻影响。党中央、国务院高度重视大数据在促进经济社会发展中的重要作用和强大推动力，相继出台一系列政策文件。2022年12月，《中共中央 国务院关于构建数据基础制度更好发挥数据要素作用的意见》发布实施，从数据产权、流通交易、收益分配、安全治理等方面构建数据基础制度，为充分发挥我国海量数据规模和丰富应用场景优势、激活数据要素潜能指明了方向，为做强做优做大数字经济、促进经济社会高质量发展提供了新动能。

随着国家大数据战略持续纵深推进，全国各地都在积极探索利用本地资源优势，打造大数据发展特色之路。十年来，位于西部边远地区的贵州省，充分发挥地质结构稳定、气候凉爽、能源充足等综合优势，明确了大数据发展战略，取得了备受瞩目的成就，大数据成为世界认识贵州的一张靓丽名片。2014年，贵州把大数据作为全省发展的战略行动，经过前赴后继的开拓创新，大数据发展渗透到贵州政务、经济、民生等诸多领域，与实体经济的融合日益深化，实现了从"从无到有"到"落地生根"再到"风生水起"的华丽转变。贵州成立了全国首个大数据行业主管部门——贵州省大数据发展管理局，颁布了全国首部大数据地方性法规——《贵州省大数据发展应用促进条例》，建立了全国首个大数据交易所——贵阳大数据交易所，举办了全球首个以大数据为主题的博览会——中国国际大数据产业博览会，数字经济增速更是连续七年位居全国第一，贵州大数据已由最初的"试验田"变成了"高产田"。2022年1月，《国务院关于支持贵州在新时代西部大开发上闯新路的意见》（国发〔2022〕2号）正式发布，擘画了"四区一高地"新的战略蓝图，为新时期贵州大数据高质量发展注入了强劲动力。

作为贵州大数据发展和科技创新的核心区，贵阳贵安积极抢抓国发〔2022〕2号文件重大机遇，以"强省会"行动为主抓手，深入实施"数字活市"战略，加快数字产业化和产业数字化，大数据产业发展生机勃勃、气象万千。由贵阳大数据产业有限公司组织编写的《城市大数据：未来之机》一书，从多角度展现了以贵阳贵安为代表的贵州省大数据战略发展实践，通过"'东数西算'扬帆起航"的战略谋划论述、"贵阳大数据交易所：亚马孙雨林里的蝴蝶翅膀"的数据交易体系建设历程、"办好一个会 激活一座城"的数博会品牌故事等篇章，汇聚了一批鲜活实践案例、形成了不少宝贵经验模式，为读者提供了一个了解贵州大数据发展的"新窗口"。

雄关漫道真如铁，而今迈步从头越。回顾过往，贵州始终以习近平总书记的重要指示为根本遵循，紧抓"大数据"这把金钥匙，走出了一条西部欠发达地区实现经济跨越式发展的新路径。展望未来，在实现第二个百年奋斗目标的新征程上，相信贵州一定会"百尺竿头、更进一步"，为我国大数据事业发展提供更多的创新示范，为数字中国建设增光添彩。

于施洋

国家信息中心大数据发展部主任

读懂贵阳大数据"赛道"

一

当今时代，大数据已经成为极重要、极关键的生产要素。

随着数字经济时代的到来，大数据等新兴技术的发展成了提升生产效率、提升生活水平的关键要素。大数据新基建是数字经济与智慧城市建设的数字底座。大数据的智慧化应用已经成为许多地方抢占高质量发展新高地的"新赛道"。

这些，大家都耳熟能详、很认同。

二

说大数据，就绕不开贵阳。一个以山清水秀、气候"爽爽"而闻名的城市。

这里，创办了全国第一家大数据交易所。这里，每年举办行业标杆的大数据博览会。贵阳的产业数字化、数字产业化和数字化治理时时占据各类媒体的显著位置。贵阳大数据的"聚通用"水平和政府数字化快速发展，"从无中生有到落地生根，从风生水起到集聚成势"。大数据已经成为贵阳的一张新名片。贵阳已经成为大数据发展的先行者、示范者。

可以说，贵阳抢占了"新赛道"。

三

问题是，为什么是贵阳呢？

这本书就给出了答案。从"数字活市"到贵商易平台，从数博会到数字政府建设，从数据流通到数据安全。关于贵阳大数据发展的"干货"和"亮点"，书中一一进行了解读阐释。

值得好好看看。关于大数据、数字经济的崛起历程和关于一个西部城市抢占赛道的故事。

四

可以说，这是一本解谜、解析、解释贵阳抢占大数据"赛道"的通俗读本。

这得益于本书的定位：专业性和科普性、战略性和落地性、趋势性和时效性。

也得益于编写者的组成——贵阳大数据公司一群青年工程师。公司者，务实也；青年者，创新也；工程师，专业也。深入浅出，为时而作，难能可贵。当然，还有他们写作的严肃和诚意。

五

本人，一个好学但不求甚解的记者。因为采访而与编写团队结缘。他们让我说几句，我就说这几句。

一则，他们确实是很优秀的一线从业团队。既有懂创新善经营的管理人员，也不乏深耕专业领域的技术能手。

二则，本书写作的通俗性颇与新闻写作相通。

六

写这几句话时，我已经离开贵阳，到新疆工作了。

一到新疆，就感受到当地发展数字经济的热情和期待。

我由此想到，贵阳大数据的发展，对很多地方应该也有启示。

李自良

新华社新疆分社社长

2023年4月22日

CONTENTS 目录

"东数西算"扬帆起航 ... 1
论"东数西算"背景下算力业务十大关系 ... 3

"数字活市"晓喻新生 ... 11
打造"城市云"赋能城市转型升级 ... 13
城市大数据治理——数据中台的核心价值 ... 21
数智城管深度应用,打造城市治理新样板 ... 28
数字化治理让城市更"聪明" ... 32
"贵商易"平台赋能中小企业高质量发展 ... 37
孵化器——打造数字经济时代的科技服务载体 ... 40

用数于未萌 治数于无形 ... 47
"互联网+政务服务"助力数字政府建设 ... 49
城市"时空大数据"应用与发展探索 ... 54
推进数据共享 提升应用价值 ... 64

贵阳大数据交易所：亚马孙雨林里的蝴蝶翅膀 ... 67
释放数据要素价值 助力数字活市 ... 69
贵阳大数据交易所创新探索及运营成果 ... 76
贵阳大数据交易所全国首创SEED数据流通交易商业罗盘 ... 86
数据要素流通领域的贵州经验 ... 95

办好一个会　激活一座城 ·· 107

　　标准化科学办会，助力数博会圆满召开 ································· 109
　　智能会务系统　保障数博会顺利召开 ··································· 115
　　打造数博新 IP，电子竞技激活数博潜能 ································ 124
　　数博会品牌的价值跃升 ·· 128

网路千万条　安全第一条 ·· 133

　　大数据时代下的数据安全 ··· 135
　　智慧城市的大数据安全问题 ··· 141
　　借助"云上"赋能，保障数据安全 ······································ 147
　　关于构建大安全体系的思考 ··· 152

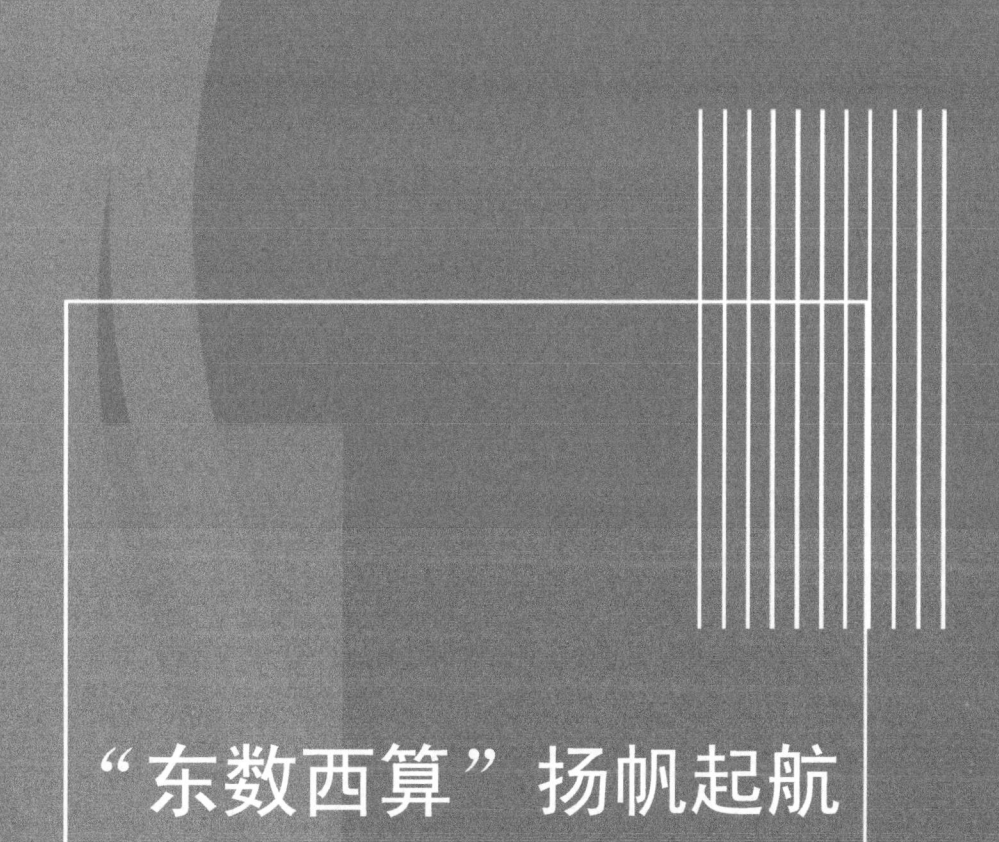

"东数西算"扬帆起航

论"东数西算"背景下算力业务十大关系

刘睿雅

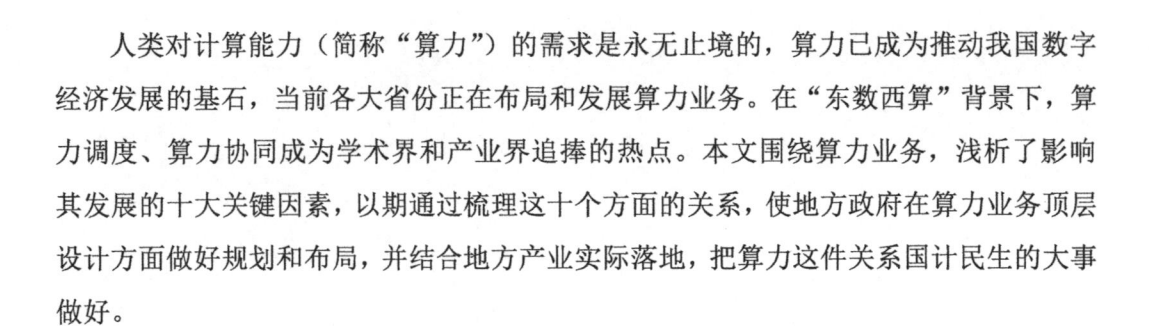

人类对计算能力（简称"算力"）的需求是永无止境的，算力已成为推动我国数字经济发展的基石，当前各大省份正在布局和发展算力业务。在"东数西算"背景下，算力调度、算力协同成为学术界和产业界追捧的热点。本文围绕算力业务，浅析了影响其发展的十大关键因素，以期通过梳理这十个方面的关系，使地方政府在算力业务顶层设计方面做好规划和布局，并结合地方产业实际落地，把算力这件关系国计民生的大事做好。

一、算力与数据

算力，即计算能力或数据处理能力，具体表现为计算设备及其配套设施，如服务器、计算机、手机等。可以把大规模计算设备统一组织起来，形成数据中心、超算中心、云计算中心等。IDC 发布的《2021—2022 全球计算力指数评估报告》显示，计算力指数平均每提高 1 点，数字经济和 GDP 将分别增长 3.5‰和 1.8‰。

信息技术的发展，使得一座城市或一家企业的数据量都呈爆发式增长。数据是重要的生产要素，当前企业数字化转型如火如荼，各个组织都在竞相开展数据应用、数据治理和数据资产管理工作。数据的处理、存储是需要算力的。因此，算力是未来智慧城市、智慧社区、智慧工厂的基石，算力作为数字经济时代的关键生产力，已经成为挖掘数据价值，推动数字经济发展的重要支撑及核心驱动力。通过建设和优化算力基础设施，提升算力速度、算力供给，可以有效提高数据处理速度和处理效率，赋能经济生产、社会生活、政府治理。

二、算力与网络

得益于网络传输速度和效率的提升，数据并非都在本地处理或计算，有些终端采集的数据需要传输到几十千米、几百千米甚至几千千米外的数据中心进行处理。数据的传输，依赖于网络。网络的带宽和速率，决定了传输的数据量和效率。"东数西算"把东部的数据放到西部计算，网络必须有保障。因此，要推进算网协同发展，特别是在数据中心之间、东西部城市之间建立直连网络，以来满足对算力调度的需求。

不同的应用场景，对网络时延的要求不同，有的需要毫秒级、微秒级返回计算结果，有的很多天返回计算结果也没有关系。因此，网络时延越低，能够承接的应用场景自然越多，但是需要兼顾成本。除了建设布局算力，还要考虑算力的最优调度、潮汐调度等方面，针对算力使用场景认真分析各种不同时延要求，采用"削峰填谷"等技术手段，计算调度网络资源和算力资源的最优路径，提高算力按需调度能力，合理提升算力的使用效率。

三、算力与算法

算力处理数据，依赖于一定的算法。数据的高效处理可以带来效率的提升和成本的降低。算法的实现可以通过硬件，也可以通过软件，通过硬件实现更高效但成本也更高，而软件定制算法虽然效率略逊于硬件，但开发、维护成本相对更低，所以一般追求软硬件的协同和平衡。

在算力资源一定的情况下，优化的算法可以提升数据的处理效率和硬件的使用效率。在特定的应用场景下，定制的硬件可以最大化地提升数据处理效率。所以，从这个意义上讲，算力基础部件也是多样化的，有CPU、GPU、NPU、DPU等。在应对不同的应用场景时，计算任务会随时被创建、复制、销毁，同一个硬件会运行不同的软件实体，因此，算力基础部件的特性会直接决定算法的效率，也会对数据处理产生很大程度的影响。

四、算力与应用场景

目前，我国算力基础设施基本形成以数据中心、超算中心、智算中心等为主的算力生产和供应体系，互补共进、协同创新。按照行业属性分类，算力基础设施可分为政务数据中心、金融数据中心、医疗数据中心、通信数据中心、电力数据中心、制造业数据中心等。不同的行业有不同的应用场景，如自然资源的卫星地图数据处理、公安城管的视频流处理、科学计算领域的分子动力学模拟、电影画面的渲染、人工智能、深度学习等。面对不同行业及应用场景，需要不同的算力资源，虽然通用服务器都可以处理，但是从集约、高效的角度来看，需要匹配最合适的算力资源，算力和算效成为需要重点关注的问题。

因此，为应对不同的应用场景，需要一个多样化的算力资源池，可以根据应用需求，随时调用不同的算力资源。建立以算力交易平台为基础，算力消费方、提供方及网络运营方为核心等多方为支撑的算力调度体系，从而实现整网资源的最优化使用和算力供需精准对接。

五、算力与产业链

算力作为数字时代的新型基础设施，最终的物理体现形式是一座座数据中心或超算中心等。提供一体化服务的算力需要产业链合力推进，据《2021—2022 年中国算力建设网络传播分析报告》指出，目前我国算力产业链已经初步形成，涵盖由设施、设备、软件供应商、网络运营商构成的上游产业，由基础电信企业、第三方数据中心服务商、云计算厂商构成的中游产业，由互联网企业、工业企业及政府、金融、电力等各行业用户构成的下游产业。目前，在国内算力产业链中，通信设备、供配电、微模块、智能化等领域具备一定领先优势。但在高端芯片、存储等IT和网络设备、散热制冷等领域仍需加大研发力度进行攻关，以提升算力产业链。

"一鲸落，万物生"，一座大型、超大型数据中心的落成可以带来一定的产业链发展和繁荣。反过来，相关产业链的聚集也有利于促进大型、超大型数据中心的布局和落地，算力配套产业的成熟度决定了其产业化进程的速度。

六、算力与能耗

信息系统的运行一般都需要全年无休，24小时无眠（always online），因此数据中心和算力中心都是能耗大户。国家能源局数据显示，2020年我国数据中心耗电量突破2000亿千瓦时，能耗占全国总用电量2.7%。中国电子技术标准化研究院发布的《绿色数据中心白皮书2020》指出，近年来，我国数据中心能效水平不断提高，超大型数据中心平均电能利用率（PUE）为1.46，部分优秀绿色数据中心已全球领先，PUE可达1.2～1.3。但目前我国数据中心能耗总量仍在高速增长，明显高于世界平均水平。2021年11月，国家发展和改革委员会、工业和信息化部等四部门联合印发的《贯彻落实碳达峰碳中和目标要求推动数据中心和5G等新型基础设施绿色高质量发展实施方案》，明确提出"全国新建大型、超大型数据中心平均电能利用效率降到1.3以下，国家枢纽节点进一步降到1.25以下，绿色低碳等级达到4A级以上"的发展目标。

一方面，能耗"双控"指标对数据中心的建设提出了较强的约束和要求；另一方面，我国西部绿色能源的消纳，当前也存在渠道和方式等问题。因此，处理好算力与能源的匹配关系，是落实我国"双碳"目标的一招妙棋。

七、算力与固投

2022 年，国家多部委联合印发通知，同意在京津冀、长三角、粤港澳大湾区、成渝、内蒙古、贵州、甘肃、宁夏等 8 地启动建设国家算力枢纽节点，并规划了 10 个国家数据中心集群。据权威机构估算，"东数西算"工程每年投资体量会达到几千亿元，对相关产业的拉动作用会达到 1∶8。国家发展和改革委员会高技术司也表示，数据中心产业链既包括传统的土建工程，还涉及 IT 设备制造、信息通信、基础软件、绿色能源供给等，产业链条长、覆盖门类广、带动效应大。

算力设施的物理体现就是一堆堆的机器，属于固定资产投入。服务器固定资产的投资与运营、折旧，属于电子设备投入，一般为 3 年。那么投入主体是谁，所有权与运营权是否分离，如何高效利用，是否会造成固定资产的闲置和浪费，这些都是需要面对的问题。

八、算力与税收

算力的运营产生营收，但是算力的服务可能是跨区域的，数据中心落在哪里，运营主体不一定就在哪里。在"东数西算"背景下，终端的服务提供、价值变现环节仍大多保留在东部地区，离线分析加工、灾备等业务多处于数字经济产业链的前端基础环节，西部地区在"东数西算"格局下所能获得的税收收入、经济利益较为有限，建设算力中心等基础设施的"获得感"可能并不高。

一般来说，数据的价值必须要在应用场景中才能得以体现，再加上数据作为生产要素，土地、技术、人力、资本等生产要素有所不同，复制的边际成本较低，从地方实践看，单纯以数据作为交易对象的市场发展并不理想。这也就意味着，西部地区大数据中心存储的数据难以直接转化为经济资源，数据服务更将成为数据要素市场可行的交易对象。但各平台企业将数据作为核心竞争力，数据标注、清洗、脱密、分析等基础环节相关业务多由企业集团内部化处理，在一定程度上制约了数据服务市场的发展规模。在"东数西算"的格局下，中西部地区倾向于要求设立数据中心的平台企业成立独立核算子公司，以保障本地税收收入。这会导致项目前期投资难以用于总部企业的税收抵扣，增加西部设立数据中心的企业的税收负担。

因此，亟须重视和探索算力服务与调度、数据服务等环节的分享机制。探索完善企业纳税与算力收益分配机制等，根据各地间数据加工、分析等环节所创造价值的比例，来设定由算力服务带来收益的地方间税收分成比例。

九、算力与基础设施

当前，"东数西算"工程正式全面启动。与"西气东输""西电东送""南水北调"等工程相似，"东数西算"是一个国家级算力资源跨域调配战略工程。引导中西部利用能源优势建设算力基础设施，"数据向西，算力向东"，服务东部沿海等算力紧缺区域，解决我国东西部算力资源供需不均衡的现状。未来的数字社会，算力将像水和电一样成为基础设施，必须由政府主导，才会更加集约、高效、安全。因此，将算力产业的建设、运营、服务等环节进行解耦和重构，推动国有主导、区域协同、资源互补、统筹调度，是实现算力基础设施化的关键。

十、算力与安全和自主可控

芯片、软硬件系统是算力的基础，然而这些技术和产品目前由西方国家主导，当前我国的国产化替代率并不高。一方面,贸易摩擦使我们面临核心技术受制于人的局面;另一方面,我国自主可控的信息产业生态尚未全面形成。但是从长远来看,我们必须构建自主可控的发展数字经济的算力基石。从算力基础设施的建设、运维,到服务期等关键设备的自主创新,甚至到算法应用,不断加大研发创新力度。同时围绕绿色节能,低碳降耗的算力基础设施关键技术进行研发,补齐算力产业链关键短板,如芯片、操作系统、数据库等。

算力中心的建设,要逐步考虑国产化技术和产品的替代。国家发展和改革委员会也对"东数西算"工程提出了算力自主可控的示范要求,算力基础设施化涉及的芯片、操作系统、数据库、中间件、云平台、大数据分析平台等相关软硬件设备逐步实现安全可控,是未来一段时间发展的核心趋势。

"数字活市"晓喻新生

打造"城市云"赋能城市转型升级

黄刚

城市大数据：未来之机

大数据新基建成为数字经济与智慧城市建设的数字底座，对城市创新与经济发展的赋能已成共识。在新一轮抢抓新基建的角逐中越早找到专业数字化应用方案的省市，越有可能在抢先融入数字化的浪潮中脱颖而出，在新业态、新模式中实现数字经济和实体经济的融合发展。

贵州作为首个国家级大数据综合试验区，率先提出贵州省政务数据一云一网一平台（以下简称"一云一网一平台"），打造政务数据"聚通用"升级版。一云一网一平台是贵州对国家要求的具体实践和创新型探索，在思想上、观念上具有创新性、战略性和前瞻性。贵州在数据治理体系建设方面先行先试形成的贵州模式，为数字中国的建设提供了可复制、可推广的成功经验。

"贵阳城市云"是贵阳数字化基础支撑能力的整体构想与建设理念，是一网一云一平台的重要实践。通过在已构建的云、数据、安全和共性能力体系等坚实基础上，打造全市云服务支撑体系，形成全市基础设施服务底座，补齐"云上贵州"贵阳分平台容灾能力缺失。从单纯贵阳政务云到建设涵盖政务域、信创域、行业域的城市全域资源池，支撑市级部门专业信息化系统及全市信息化发展，并统一接入云上贵州平台，作为省级云平台分支节点。同时，建设安全运营中心，为贵阳贵安政务云提供安全服务，解决平台用户的安全问题，推动贵阳安全产业生态升级。实现省市一体化资源共享融合，从资源集约到数据集约再到应用集约，建设优先到长效运营，打造更具韧性和更具普惠的城市公共数字平台，全面支撑"中国数谷"建设。

本文将从贵阳城市云架构、贵阳城市云网络架构、省市一体化、云平台安全、云平台密码应用、租户安全的视角对贵阳城市云的建设进行简要阐述，助力城市数字化升级。

一、贵阳城市云架构

贵阳城市云采用 2+1+N 的架构，构建包含贵阳贵安双中心，1 个安全运营中心，N 个行业云的政务云业务体系，规划贵阳贵安双中心，优化升级政务云平台，以承载贵阳市政务业务。建设安全运营中心，服务于贵阳城市云，助力全市全面提高政务云安全风险监测、处理能力。规划建设 N 个行业云，实现云边协同，增加贵阳市政务业务统筹的灵活性，并延伸进行行业云的统筹纳管，最终实现城市公共数字平台的愿景。贵阳城市云建设的总体框架如图1所示。

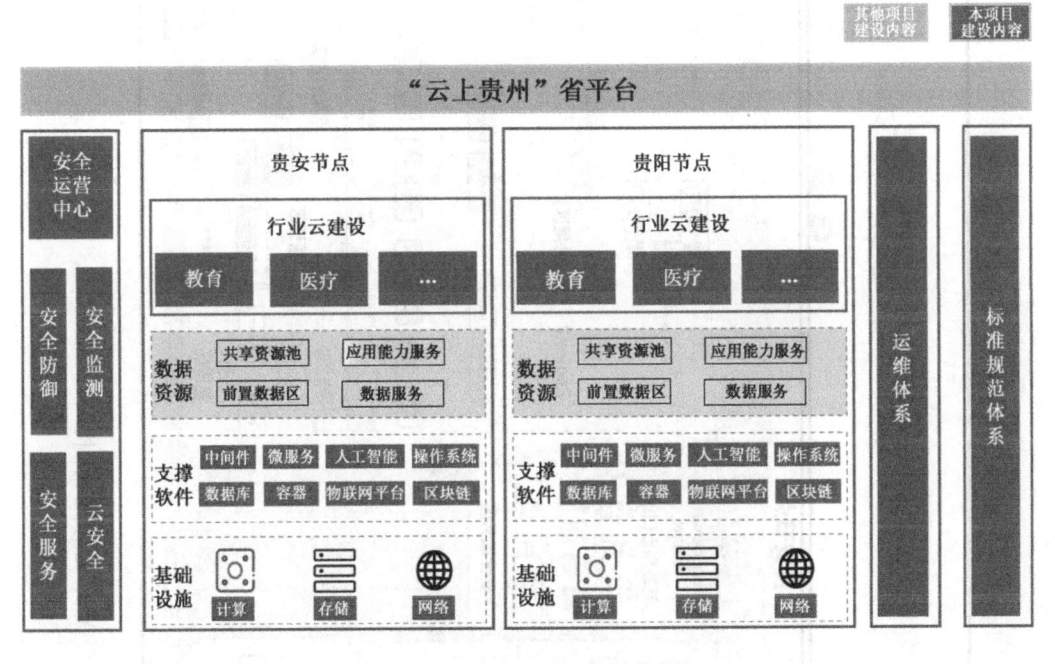

图1 贵阳城市云建设的总体框架

二、贵阳城市云网络架构

根据顶层规划内容与需求，规划一张多网融合的网络，满足贵阳城市云贵阳贵安双节点业务功能和网络接入需求，其总体网络架构如图2所示。

图 2 总体网络架构

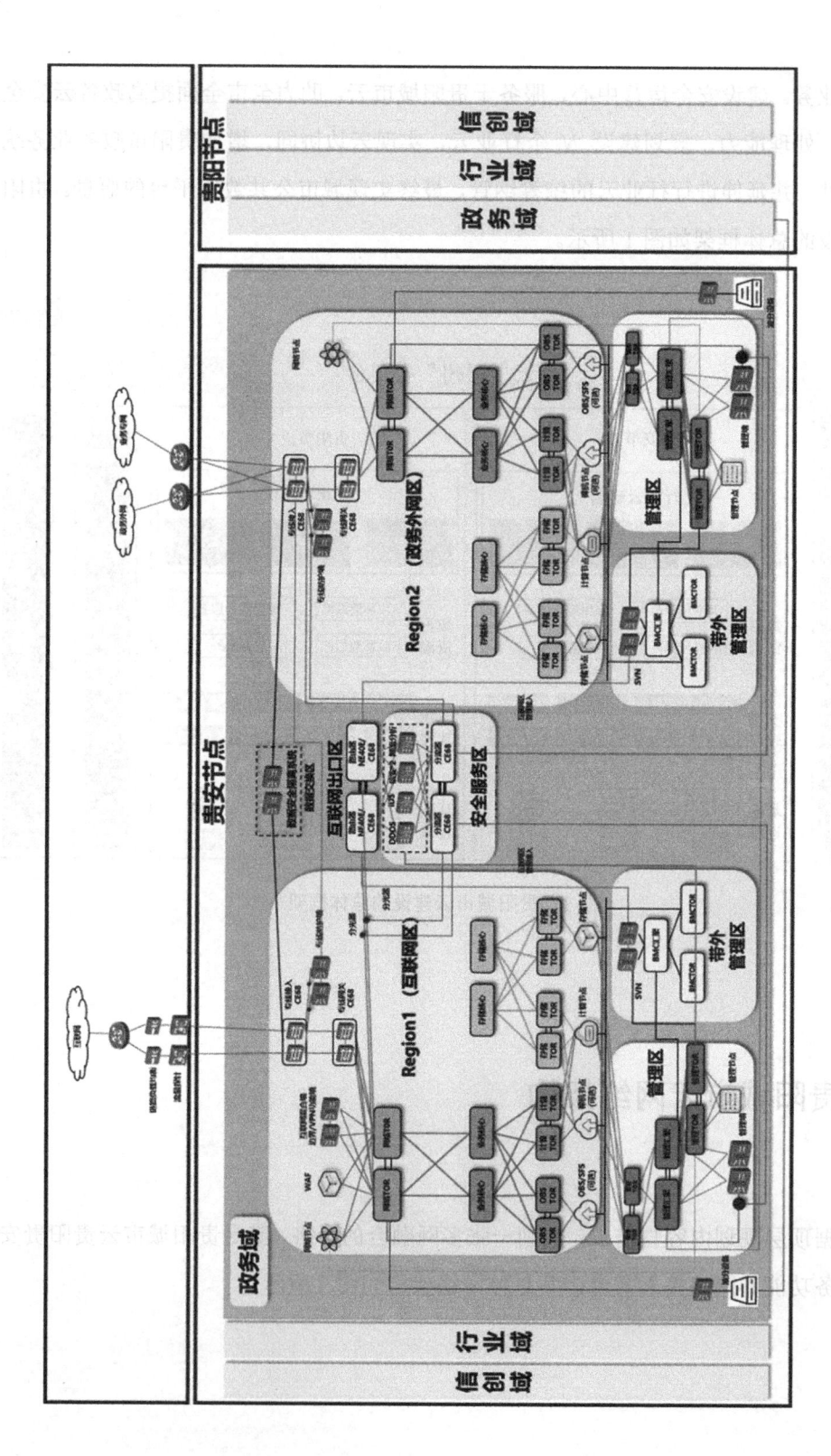

贵阳城市云以电子政务外网、业务专网、互联网为依托构建多网络融合的泛在网络，满足不同网络接入贵阳城市云贵阳贵安双节点，实现相关业务的访问，并保障网络接入的可靠性。根据贵阳城市云总体布局设计，双数据中心逐步实现部署政信创域、行业域、政务域的总体建设目标，本章主要介绍贵安节点政务域，其他域网络架构参考政务域。贵安节点政务域由政务外网区、互联网区组成，各区域部署独立的虚拟化平台，并通过云管平台实现资源统一管理。网络架构总体按照数据、业务、管理3个平面分离的方式进行部署，按照国家电子政务外网标准《国家电子政务外网 政务云安全技术要求》和贵阳市政务云建设安全要求，互联网区、政务外网区数据平面通过数据安全交换设备进行数据交换，管理平面通过防火墙数据交换。政务外网资源区接入两条电子政务外网专线，流量经过出口防火墙、网流分析、IDS 设备进入云资源池核心交换机，有效防护平台内部安全。互联网资源区接入两条互联网专线，用于均衡链路负载，流量经过出口防火墙、网流分析、IDS、DDOS 和信息安全等安全设备进入云资源池核心交换机，有效防护平台内部安全，做到流量清洗、加密、防 DDOS 和入侵检查。业务专网根据业务需求增加业务专线，通过专线防火墙和安全边界区，为专有的资源提供网络支撑。安全服务区为政务云平台内部提供安全保护，从外部进入云平台的流量先经过安全边界区再到平台资源区，安全边界区包括入侵检测 IDS、抗 DDOS 攻击、信安加密、网络流量分析。在政务外网区与互联网区之间部署安全数据交换系统，可实现文件交换、数据库交换、应用扩展，并对交换过程进行详细审计、审查，通过管理功能可直观展现用户两网间交互数据在不同业务的分类，保证用户了解出入网数据的内容、大小及时间等信息。

三、省市一体化

按照省市统管采取管操分离的思路，原则上云上贵州省级平台对市级平台具有所有资源的查看权限，市级平台具备操作权限，如图 3 所示。市级平台提供 API 接口供省级平台调用，省级平台和市级平台之间分别开通运维专线和业务专线，运维专线用于省平台对市平台的管控，业务专线用于与市级政务业务和省、国家级政务业务的联动，实现省市平台间运维与业务的区分管理。市级平台就近接入两个省级平台分节点，分别开通一条 1GE 业务专线，并开通一条 100MB 的运维专线。

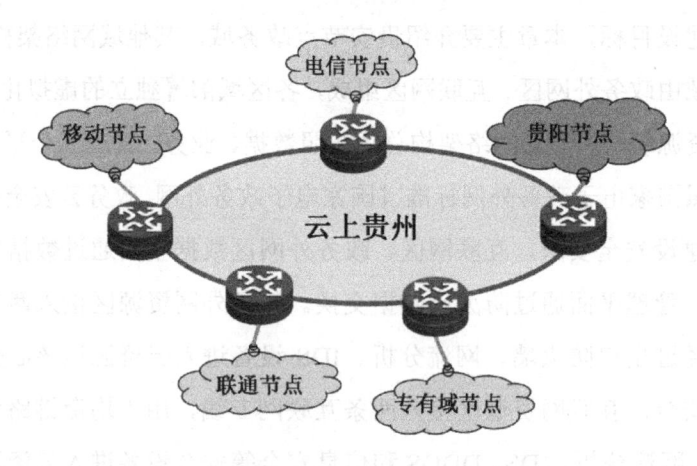

图 3　云上贵州权限示意图

四、云平台安全

贵阳城市云项目建设要求参照等级保护 2.0 标准第三级防护进行规划和建设，并接受国家和相关管理部门的日常监管。贵阳城市云服务商将落实网络安全相关法律法规，建立安全管理体系，定期开展网络安全等级保护测评、风险评估、云计算服务安全评估、关键信息基础设施安全检测评估工作。

五、云平台密码应用

贵阳城市云项目根据《中华人民共和国密码法》和《信息安全技术　信息系统密码应用基本要求》（GB/T 39786—2021）等相关政策法规和标准，按照等级保护三级对现有信息系统进行符合商用密码应用安全性评估的设计，综合考虑政务信息系统的物理和环境安全、网络和通信安全、设备和计算安全、应用和数据安全。采用密码技术措施和有效的安全管理措施，针对云平台系统在身份鉴别、安全传输、信息加密、完整性保护、不可否认等密码应用方面，进行相应的密码应用合规性设计，消除密码应用环节的不合规、不安全密码技术和密码算法现象，提高贵阳城市云平台的密码应用水平，提升云平台的安全防护能力，达成密码安全可靠的建设要求。

六、租户安全

目前，等级保护 2.0 已经正式发布，贵阳城市云平台已经通过等级保护测评，块数据公司作为一个云平台运营管理机构，不仅要保障自有系统安全，也承载了包括政务云在内的云平台内系统安全的监管和安全运营。根据贵州省印发《推进"一云一网一平台"建设工作方案》，以云上贵州"一朵云"聚合全省各级各类政务数据和应用，面向全省提供统一的云计算、云存储、云管控、云安全等云服务要求，通过建设安全运营中心、提供安全服务人员、输出安全服务能力，此外搭建安全能力云平台，形成有效的云上安全市场，解决平台用户的安全问题，推动贵阳安全产业生态升级。

七、助力城市数字化升级

贵阳市有条不紊地推进贵阳的新基建与数字化建设赋能系统的建设，围绕着数字经济，贵阳市信息化部门在智慧化的城市管理、产业发展、信息安全等多个领域进行顶层设计，助力推动贵阳城市智能化发展。

在城市治理方面，将依托贵阳城市云平台共性能力，形成"大数据慧治、大服务惠民、大监管共治"的城市管理格局。同时在教育、医疗、旅游等和老百姓生活密切相关的领域加强合作。帮助政府进一步集约化、平台化，支撑前端应用灵活定制、快速适配业务需求，切实做好"只跑一次、一次办好"的服务理念，打造一个让市民感到幸福的未来城市。

在产业发展方面，将依托贵阳城市云的数字基础，以技术引领、优势带动为原则，助力产业链协调发展、升级，推动制造向智造转型，进一步激发经济活力，推动数字经济发展。同时，汇集产业数据、数据分析、产业布局、宏观决策、产业规划发展等多维度数据，为政府提供精准招商、产业决策，为完善产业上下游链条提供支撑，更好地服务产业发展。

在自主可控方面，2022年6月23日国务院发布《关于加强数字政府建设的指导意见》，明确提出要"加强自主创新，加快数字政府建设领域关键核心技术攻关，强化安全可靠技术和产品应用，切实提高自主可控水平"。"强化政务云平台支撑能力"，"加强重点共性应用支撑能力"。故将依托贵阳城市云全栈信创云服务能力，满足全栈国产化要求，支持适配国产CPU，支持国产化操作系统、数据库、中间件、应用系统等信创生态要求，逐步完成自主可控的体系化演进。

未来，贵阳城市云平台将全面全方位助力贵阳数字化转型发展，着力提高城市治理体系和治理能力的智慧化水平，让贵阳描绘的智慧城市图景越来越清晰，让这朵"云"托起更多贵阳百姓的幸福感。

城市大数据治理——数据中台的核心价值

王静

一、数据中台的背景

（一）数据中台契合城市大数据的发展需求

近年来，数据中台风靡互联网行业，其重要性已经在各行各业中体现出来，在不同的领域中，数据中台都能够帮助业务层进行数字化转型，构建人工智能应用。最初，Supercell 公司提出数据中台的开发架构，只使用了很少的开发人员就开发出多款全球知名的游戏。从而让这家芬兰的游戏公司在世界都有了不错的认可度，2015 年阿里巴巴集团也提出了数据中台战略思想。

数据中台解决数据"存""通""用"的痛点和难点，能够帮助业务人员构建数据挖掘分析的各种场景，深化数据治理体系的建设，实现全量数据的实时可采集、全面可管控、处处可复用。目前，大数据行业已经有海量的数据资源汇聚，但是因为数据之间缺乏互联互通，数据还远远没有发挥出它应有的价值。而这些海量数据的汇聚，并不是某一项技术或者某一个厂商能独立完成的，而是要从数据低层进行去耦。数据中台提供了一种理想中的解决方案，它能够在业务数据产生后及时进行数据清洗，并且通过数据中台提供的免代码环境使得更多不懂技术的业务人员参与数据清洗及治理，从而将数据清洗治理能力实现分布式布局。在这种架构下，能够为整个城市甚至全省的创新提供大数据基础。数据中台无疑将成为互联网的新篇章，是新基建中的基础，是政府治理新的引擎。

（二）数据中台是战略性选择

随着互联网的蓬勃发展，智慧城市、智慧交通、智慧农业、智慧工业如雨后春笋般蓬勃发展。但在传统烟囱式信息系统架构下，系统与系统之间缺乏映射，缺少统一的标准，数据可用程度差，很难在跨域数据分析上提供有效的支撑。在 5G 时代下，各种业务信息化系统的诞生加剧了数据孤岛问题，系统之间数据离散导致的问题层出不穷，不仅无法支撑有效的数据分析，还会使业务层变得复杂无序，甚至重复建设、重复填报。所以数据中台是数字化转型，也是信息化发展到当前的必然产物，它能够打通传统 IT 架构中的全域数据，形成数据资产，形成快速数据分析能力，从而为人工智能提供大数据支撑。

人工智能的基础就是大数据，人工智能的发展在很大程度上依赖大数据的发展，只有将数据进行有效的整合利用，才能为人工智能提供充足有效的训练样本。而人工智能在数据中台的支撑下，会变得简单，因此未来数据中台不仅围绕数据采集、数据清洗、数据治理、数分析展开工作，也应该融合人工智能算法建模，让大数据价值进一步敏捷化，将数据能力及人工智能能力进一步向业务层倾斜。

（三）数据中台是城市数据治理价值的体现

数据中台就是将数据进行抽象去耦，核心任务包含数据采集、数据清洗、数据存储、数据治理、数据分析，形成高可靠、高稳定、高性能的数据资产层，并以组件、免代码工具等方式将数据有效地提供给业务层使用。从业务出发满足日常报表生产和数据分析的同时，让业务人员能够参与技术创新。数据中台能够为业务提供敏捷性，也可以将需要频繁变化的场景及数据形成到中台层，从而更好地为业务服务。所以数据中台是数据以敏捷的方式为业务及场景提供高速的响应和支撑。

除此之外，数据中台需要建立一整套数据治理及清洗系统，以实现各种业务系统的互联互通，使数据资产层进行有效的管理和转化服务能力；以及实现数据标准的建立，提高数据可用性，降低业务系统之间的耦合性，对业务做出快速响应。

1．回归业务的本质——数据源统一

数据中台在城市大数据发展中，可以帮助城市构建数据源中心，将清洗聚合后的数据作为其他数据应用、数据分析、人工智能建模的基础，数据中台可以帮助城市数据中心管理数据的血脉关系，从而奠定了数据的来源认知及数据资产的及时性、全面性；尽可能避免重复抽取、清洗数据池导致的算力浪费；建设数据资产仓及数据应用仓，帮助不同需要使用大数据的人员快速构建数据应用能力。

以各地运营商为例，过去各省、市、地区的运营商单位均需要对数据进行多次存放，业务系统存放、报表存放、数据市集存放，导致数据抽取维护难度极大，对于数据的一致性难以维持。有了数据中台后，运营商实现对核心业务数据的汇聚，很大程度上避免了一份数据多地存放的尴尬处境。

2. 数据中台需要不断的业务滋养

在现代信息化系统的建设模式下，烟囱式数据是导致数据得不到有效沉淀的必然因素，业务模型、数据模型均得不到很好的重用，无法支持灵活多变的业务场景，创新更无从谈起。

其根本原因主要是信息化建设往往都是以项目为单位的模式建设，项目执行期后，面对新增的需求，业主往往没有强烈的积极性去满足，如果早期项目的扩展性不够好，或者项目时间太久，都会导致数据变得死板，使数据变越来越"可有可无"。而此时可能项目已经过了建设期，业主也没有有效手段升级信息系统，从而整个架构变得稳定却无用。

其实在实际的场景下，绝大多数业务都是灵活多变的，需求也会随着场景的多变而不断衍生，没有任何信息化系统能覆盖全部需求和全部场景。当系统不断扩张，或者新的系统产生，那么老的数据模型就意味着要退出历史舞台。

以报表为例，报表数量众多往往也是没有沉淀的原因，针对一个业务报表，由于业务人员需要不同的维度，会出现众多表格类型，如果有此时有数据中台，就可以提出一些基准报表原则，如一个业务一张报表，已经有的业务报表保持相对稳定，业务人员可以在没有技术人员支持的情况下，使用简单易用的拖曳方式汇聚自定义表格，也可以从多个应用中汇聚不同的表格数据，从而实现多源数据接入、多维数据统计，还可以形成更加利于理解和查看的多维数据表及数据汇聚页面。这大大降低了重新开发报表带来的成本，也使得更了解业务的人员能够快速建设数据模型。

3. 数据中台是培育业务创新的土壤

业务创新往往需要两个方面的推进，一方面需要业务创新中原有业务流程的清晰高可用，另一方面需要更了解业务层的人员参与创新过程。

数据中台能够在数据层面上帮助业务系统规范数据格式，形成标准数据资产，当再使用这些数据资产时，能够通过有效的标签、可视化等工具快速概览数据，轻松构建数据分析架构，可以跨业务汇聚数据，高效实现数据价值展示。在没有数据中台的时候，实现这些往往需要很长时间，时间主要花费在数据准备和学习专业数据分析工具上，现在有了一站式数据中台，使用者可以真正将时间用于数据分析，从而更好地实现业务层的创新。

此外，数据中台提供的数据分析工具，不需要学习专业的开发和数据库技术，可以让更多业务人员参与数据分析及业务创新，这大大提升了城市基于大数据的业务创新，为业务创新提供了丰沃的土壤。

4. 数据中台是人才成长的摇篮

利用数据中台的数据资产，每家单位的业务人员可以建设自己的数据市集，而数据市集的使用不会给数据资产仓带来压力或破坏，每个业务人员都可以在权限范围内操作和使用多个信息化系统汇聚的数据，通过灵活高效的 ROLAP 和 MOLAP 分析工具，快速构建数据统计模型，形成各种维度的数据，单位的业务人员比起信息化系统厂商更了解自身业务，使用免代码的方式，能够更好地建设适合自身单位需求的数据分析模型。

数据中台，尤其是数据中台的数据资产不是一蹴而就的，每家单位都应该基于自身的实际情况，尽早启用数据中台，这样就可以更快速地建设标准数据体系，未来的信息化系统建设可以更早纳入数据中台管理范畴。此外，单位在建设数据中台时应该考虑以下问题：

第一，单位业主应该重视本单位信息化部分及人才，没有数据中台时，单位信息化部门很难做出成绩，而数据中台就是要充分发挥信息化部门的主观能动性，要给予相应的支撑及权限，给予期待和考核。让本单位信息化部门利用数据中台的能力产生数据分析挖掘的价值。

第二，要改变工作方式。没有数中台的时候，信息部门的工作往往是工作队列形式的，一个项目做完又投入到另一个项目中，这虽然增加了数据团队的项目和需求管理经验，但并不能在某个专业领域得到知识和经验的沉淀。有了数据中台后，数据人员应该深入研究业务、数据和模型，打造数据中台核心数据资产仓，才能创造最大的价值，使持续创新成为可能。

第三，数据中台的团队要改变自身的要求，不仅在数据上，而且在业务上也需要不断与业务人员学习，建立自己对业务的话语权，而这种话语权一定来自对业务充分的理解，不仅要配合业务人员实施，还要充分利用数中台强大的数据分析整合能力，给业务本身提出合理的建议。

在未来，整个社会将进入开放共享的时代，数据不仅支撑自有业务，还将开放共享给整个生态，从数据化运营走向运营数据，届时，数据中台将成为最为宝贵的资产。

二、痛点与瓶颈

（一）数据规范和标准缺失

规范和标准一直是数据治理工作中的重要的基础，数据不标准直接制约着数据的深入应用，从目前的整个城市信息化建设情况来看，大部分业务数据存在数据标准规范建设不统一。无论是管理规范，还是各类业务信息的数据字段，或者是数据平台的数据接入，都缺少有效的规范和标准。

因此，如何建设数据标准体系，在目前的标准化工作基础上，需要根据新增采集汇聚的数据资源，继续丰富完善数据类标准、服务类标准、管理类标准，实现数据标准统一管理；需要将标准建设从以前单一的数据标准逐步扩展到数据组织、数据应用等全体系标准。

（二）数据治理困难重重

随着数据规模的爆发式增长，数据类型的复杂化也是必然趋势。各个业务部门及各级都在持续、快速地产生大量数据，这些数据的类型极其复杂，包括结构化、半结构化和非结构化的数据，如数据库数据、文本、传感器数据、音频、视频、文件等。不能有效地将数据进行结构化，犹如面前放着巨大的金山银山，但却找不到任何工具，唯叹奈何。同时，现有的数据集中方式，日常数据管理运维工作强度大、操作复杂、智能管理程度不足。

海量数据也带来了另一个关键问题：无效数据占比大、数据干扰严重。如何把杂乱的数据清洗干净，让业务模型能够输入高质量的数据源显得尤为重要。据统计，随着成本增长的数据中蕴含着巨大的价值，而业务部门或下级机构所关注的通常只占总数据量的 2%～4%。结构化并清洗好的数据规模也可能是巨大的，需要业务部门能够对数据进行按需汇聚。实现按需汇聚，既能减少对网络和存储资源的无谓占用，又有助于实现高效的数据挖掘计算。因此，如何通过技术手段，把数据转换为信息、知识，已经成为提高核心战斗力的主要瓶颈。

（三）巨大的数据价值待挖掘

大数据已经渗透各个业务领域，治理好的数据已经成为重要的生产要素，与土地、劳动力、资本等生产要素一样，是促进内部管理优化、保障能力升级的基本要素。当前各业务信息系统的应用还停留在信息的存储管理、业务查询、静态统计、简单比对上，对信息进行综合利用、深入分析的意识不强，对数据的深层次挖掘不充分，挖掘分析的手段少，对领导的决策分析支撑力度不足。

通过对海量数据的挖掘与运用，可帮助企业或单位极大地提高业务效能，优化管理，提升服务水平。数据价值挖掘的核心是通过数据发现隐藏的相关性，可以更加敏锐地感知各种变化，更加深邃地洞察各种态势、变化趋势，发现新的用户，创造新的价值，最终用于精准决策，实现数据化的业务驱动能力提升、各类业务的重新定义。目前，很多单位、企业都已经初步建立进行数据挖掘和运营的数据基础，但适应其新时代发展需求的数据应用还处于探索中，亟须一套基于数据治理的整体数据应用解决方案和数据产品，真正实现数据驱动业务的转型。

数智城管深度应用，打造城市治理新样板

刘荣江

随着我国城镇的高速发展，城市治理问题逐渐突出，加强和改善城市治理需求日益迫切。城市治理普遍存在管理混乱、职责不清、服务意识不强、执法粗放、缺乏有效的信息化手段支撑等问题，导致在城市治理工作中，群众意见逐渐增多，很大程度上影响了城市发展进程，不利于绿色可持续化城市治理工作开展。

党的十九届五中全会上明确指出，城市建设是贯彻落实新发展理念的重要载体，是构建新发展格局的重要支点，要求在开展城市更新行动的同时注重城市结构调整优化和品质提升。2021 年 12 月，为统一全国城市管理信息化平台建设标准，住房和城乡建设部发布《城市运行管理服务平台建设指南》，定义了国家、省、市三级城市综合管理服务平台顶层架构，规范了城市治理信息化平台建设。

近年来，依托区域得天独厚的生态、气候、能源等战略优势，在国家的大力支持下，贵州省作为国家大数据综合试验区，在大数据和云计算产业发展方面取得了快速发展。贵阳市准确抓住作为全国"数字城管"第二批试点城市的重要机遇，充分发挥自身优势，于 2019 年谋划数智城管项目，结合城市管理自身业务的发展需要，通过对城市管理业务数据进行自动化、智能化和智慧化的融合分析，指导城市治理进一步实现科学化、精细化、精准化。

智慧城管项目作为城市治理的重要板块。建立用数据说话、数据决策、数据管理和数据创新的城市管理工作机制。充分运用现代信息技术，逐步实现井盖、路灯、内涝排水、道路、桥梁、隧道等领域设施感知和监控全覆盖，逐步实现执法机构一体化、执法队伍专业化、执法行为标准化、执法管理系统化、执法手段智能化，加强互联网与行业管理结合应用，构建扁平化工作机制，积极推动城市信息化管理的全面、科学、和谐及可持续发展，探索建立贵阳市城市管理智慧化监管体系。平台建设以破解城市治理顽疾为着力点，以构建城市管理感知、分析、服务、指挥、监察"五位一体"治理模式为切入点，以实施城市精细化管理巩固提升行动为抓手，充分利用人工智能、大数据、物联网、移动互联网等新技术与城市管理的融合发展，构筑"数据联通、资源集聚、融合创新、支撑强劲"的城市治理新格局，实现城市运行管理"一网统管"。

通过构建城市管理"数据底座"，促进融合共享。完成城市管理综合信息库建设，与贵州省政府数据共享交换平台联动，实现数据跨系统、跨行业、跨部门共享运用。一是大力开展数据普查。通过对全市建成区6大类128小类100余万个城市管理部件进行局部普查和更新，形成了城市管理部件资源库，为城市运行管理服务问题高效流转、精准处置和精细化展示奠定数据基础。二是全面汇集部门数据。通过整合市政公用、市容环卫、综合执法等10个城市管理行业部门数据，汇聚园林绿化、交通运输、自然资源、城乡建设等20个市直部门（区市）数据，建立起城市管理基础信息、网格信息、公众诉求等专题数据库，为城市运行管理服务场景应用、指挥调度、决策分析提供了大数据支撑。三是统一数据生产底座。根据城市运行管理服务平台技术标准结合贵阳市现有数据标准，建立城市管理综合信息库，整合城市管理行业现有系统数据库，将所有系统数据库资源迁移至城市管理综合信息库，建立统一管理、统一调度、统一数据标准的城市管理"新模式"。

丰富智慧场景，提升城市治理全域服务能力。聚焦城市运行管理服务领域高频、多发问题，搭建城市运行管理服务具体场景应用，搭建了智慧执法、智慧市政、垃圾分类等应用场景。

智慧执法场景。基于综合网格化管理理念、精细化的编码规范和智慧化新技术应用，从日常执法管理、执法办案和执法监督需求出发，实现城市管理综合执法工作网上开展、执法文书网上制作、执法办案全程记录、执法管理精细落实。

智慧市政场景。借助移动互联网、大数据、物联网等新技术，实现对城市路灯、排水、道桥、井盖、园林绿化等市政公用设施的实时监测、智能告警、巡查养护、高效派遣，目前系统已收录路灯、井盖、桥梁、道路、隧道、积水点、绿地、公园等信息数据共计9.4万余条，针对重点监管的路段、桥梁、隧道、积水点、园林景观、道路绿化等区域已安装部署智能监测设备进行实时智能监测。

垃圾分类场景。围绕垃圾分类全过程中的基础台账数据、工作动态数据、点位信息数据，以及企业和终端的物联感知数据，打造智慧环卫应用场景，实现生活垃圾"分、投、收、运、处"智慧化闭环管理和环卫作业的全流程监管，有效提升垃圾分类投放质量、垃圾收运监管水平及分类处置能力，做到收运过程精准溯源，同时健全和加强可回收垃圾、有害垃圾的管理和监管，促进资源回收利用，助力绿色可持续发展。

立足便民利民，开启"全民网格管理员"的模式。建设贵阳市"百姓拍"App指挥和处置平台，激起市民参与城市管理的热情，市民可以通过 App 举报发现的市政设施、环境卫生、综合执法、渣土管理、园林绿化及工地管理等多个城市管理环节出现的问题并进行举报，同时，运用大数据分析手段对平台产生的案件数据、投诉数据、处理数据等基础数据进行分析、处理、挖掘，进一步分析城市治理相关问题的特征、规律，完善城市治理体系，提升了城市"智"理水平。

聚焦指挥协调，构建综合指挥体系。以四级联动的作战指挥大厅为载体，按照"市级监管、区级指挥、街道执行"的原则，建立"平战结合"的工作机制和城市管理指挥调度体系。一是建设市级总指挥中心、局直属单位指挥中心、区级综合调度中心、街道处置中心四级联动的作战指挥大厅。二是平时以"数字城管"为基础，围绕城市占道经营、机动车占道、暴露垃圾、道路积水等 23 类常见城市管理问题开展长效管理。三是战时依托全市统一的四级联动指挥调度平台，接入区县各类型的移动执法终端，实现全要素的融合通信，发生应急事件时，能第一时间调动人员到现场处理，也能根据预先设置的应急模型进行智能化应急调度，合理并实时调度人员、车辆、视频监控等资源，协同交管、消防等部门进行联动指挥，保障城市安全稳定运行。

健全体制机制，完善运行管理。一方面建立健全城市运行综合评价机制，创新特色指标和评价方法，有力提升城市运行监管水平，推动平台实践应用常态化；另一方面结合运管服务平台的应用情况，进一步完善现行的综合协调机制、监督指挥机制及工作协调机制，有力提升城市运行监管水平。

加强城市治理风险防控，释放数据价值。一方面建立健全网络安全制度，定期开展网络安全检查，提高网络安全事件应对能力，健全协调联动的风险防控工作体系，加强城市应急和防灾减灾体系建设。另一方面加强数据、技术、场景的融合，支撑更多场景应用落地，不断实现数据价值的叠加放大。

总之，智慧城管以打造市、区、街镇三级"上下贯通、左右互联、互为支撑"的城市治理体系为目标，建立"横向到边、纵向到底、全面覆盖、无缝对接"城市治理机制，实现由被动向主动、由粗放向精细、由模糊向清晰的转变，助力形成"多部门协作、高效运转、齐抓共管、全民参与"的城市治理新格局。

数字化治理让城市更"聪明"

赵珩屹

城市的发展与大数据存在密切的联系。拿交通方面来说，21世纪前10年，普通百姓出门大都依靠纸质地图，如果不是住在本地城市的居民，对于堵车等交通突发事件基本没有预测能力，出行规划完全依靠个人，如同将计算任务分发给独立且互相没有数据共享能力的计算机，由其独立完成计算。这种方式不仅效率低下，而且由于互相没有数据共享能力，所以有很大的概率出现重复道路规划方案，导致很多人在同一时间选择相同的出行线路，导致交通拥堵。在手机地图应用软件推出的初期，导航系统标定比较简单，功能单一且并没有大数据技术提供的多种数据支持，上述问题同样困扰着首批使用手机导航的用户。进入21世纪第二个10年后，依托于大数据平台之间的数据共享，现代的导航软件能根据实时的交通路况信息规划路线，很少会出现给不同的用户规划出相同线路的行为，可有效避免拥堵，提升通行效率，依托于大数据平台之间的数据共享，现代的导航软件与公共交通资源有机整合，为用户提供多样的出行组合方案，这种进步使城市的交通运行效率得到了非常明显的提升，手机地图应用软件也从导航工具升级为综合出行服务平台。

出行即服务（Mobility as a Service，MaaS）是近年来全球交通领域出现的新理念，其核心是从拥有车辆转变为拥有交通服务，通过一体化交通出行和软件一站式服务，优化市民出行体验，目前已成为全球各大城市重点关注和共同追求的国际趋势。目前，国内以北京为首的城市开始依托大数据技术的特性，纷纷打造自己专属的Maas平台，能够整合私家车、长途大巴、铁路、民航、网约车、共享自行车、步行、骑行、轨道交通和公交车等所有种类的交通出行方式，为市民提供出行前智慧决策、行程中全程引导及到达目的地后的继续服务等流程，同时还能根据每个用户的出行喜好进行个性化定制，基本解决用户日常出行服务问题。

共享自行车的出现解决了依托公共交通出行的市民最后一千米的问题，而共享自行车之所以能够出现，也依托于大数据技术的不断发展，在大数据技术尚未大规模应用的时代，自行车出租只能在有限的区域内进行，并且用完必须归还到初始的地点，同时，在使用过程中发生的损坏往往难以第一时间发觉，导致归还时产生纠纷，以上种种问题使得共享自行车在当时难以成为交通出行解决方案。直到大数据时代的到来，共享自行车运营公司能够依托大数据技术对共享自行车的位置和状态进行实时监控，同时保留每个时间段用户的使用记录，一定程度上解决了车辆在使用过程中损坏的责任归属问题，同时大数据一直处于在线的热备份状态，可随时被调出使用的特性使运营公司能够在划定的区域内设定大量停车点，做到了随时随地使用和归还。

交通执法者的工作也因为数字化治理而变得更方便，现代交警可通过"天眼"摄像头，在任何时刻监控道路上的每个交通参与者，对部分习惯性违反《中华人民共和国道路交通安全法》的交通参与者有了很好的监督作用，保证了其他参与者的安全和守法者的权益。同时现代的智能化交通管理系统还能根据实时路况对每条道路进行优化，通过摄像头、计数雷达等设备判断每条道路的车流量，然后结合交通信号装置，优化城市的整体通行效率。以江西省南昌市为例，从 2020 年年底开始，江西省南昌市通过多个部门协调联动，以问题为导向，搭建智能交通管理系统，实施分时段、分区域、分模式的精细化管理，规范道路交通出行秩序，不断提升交通治理效能。与 2019 年相比，南昌市的机动车保有量达到 147 万辆，增长了 24.4%，而交通拥堵指数却由 1.32 降为 1.25，平均车速从 31.9 千米每小时提升到 38.1 千米每小时。

交通出行方面从纸质地图到手机导航软件，Maas 平台和共享自行车的出现，再到智能化交通管理系统的使用提高城市整体通行效率，这些新事物的出现与大数据技术发展息息相关，也是大数据技术能够对信息数据进行分析、处理和整合，并应用到实际生活中，方便人们各项需求，提高人们生活水平的具体体现。

再以饮食为例，在以美团、饿了么为代表的外卖应用软件兴起之前，人们认知中的外卖往往只是单一地通过电话或者现场预订等方式将外卖信息通知给餐饮商家，随后由商家工作人员进行外卖的配送。这种方式首先在用户体验上就存在选择较少的缺点，用户往往只能在有限的几个商家之间进行选择，而电话沟通这一单一的信息传递渠道也导致了商家容易存在闲时无单，忙时接不过来的弊端。其次，由商家安排工作人员进行配送也容易存在效率低下的问题，一是商家不可能同时雇佣大量配送人员，这容易导致商家运营成本过高，但配送人员的缺少又会导致商家在高峰时出现运力不足的问题，甚至影响客户的忠诚度；二是运力缺少会造成效率低下，如商家同时接到两个订单，但是一个方向在南、一个方向在北，在只有一个配送人员的情况下，就难以得到让两个客户都满意的结果。

外卖应用软件的出现解决了以上大部分的问题，由大数据技术支撑的系统会根据订单的方向来安排骑手，大大减少了重复路程的出现，同时可以根据用户的地点、喜好等来推荐合适的商家；商家依托平台可以获得更高的曝光度，且效率比传统媒体要高出许多，同时平台的监管系统也能有效防止不良商家在产品上做文章。

在以往，我们打听到某家好吃的餐厅，到达后却发现人满为患，甚至还有很多人在排队等候；一部分人可能会提前打电话询问，但电话信息有时效性，可能打电话时人还不多，但当到达餐厅后就开始排队了，在大数据时代之前这种事情经常发生。排队软件的出现让用户能够随时随地获得目标餐厅的排队信息，便于合理规划。

随着大数据技术的发展，健康行业同样深受影响。医院的挂号系统由线下到线上线下双行，部分城市之间甚至开通了远程问诊服务，近年来，贵州以"互联网+"思维和大数据手段创新发展大健康产业，通过加强数据技术在健康服务信息化建设中的使用，大力发展远程云端医疗服务、医疗信息查询、电子健康档案、远程会诊等多种形式的健康医疗服务。例如，贵州医科大学附属医院联合中国联通等通信行业龙头企业协同实施的"贵州5G+预防式健康管理医工结合试点项目"入选贵州省2022年第一批5G应用场景示范项目，以"大数据+大健康"实时监测服务群众的健康数据、生理特征数据、环境数据等，构建个人健康画像，通过专业医师诊断分析处理后为市民提供个性化的健康指导方案，打破传统健康管理模式在时间、空间上的限制。

手术作为挽救生命的一种医疗手段，其中蕴藏着极其庞大的数据。医生在进行手术时，要从病人的心跳、血压、血氧含量等生命体征数据中读取关键信息；同时，从手术刀上反馈的手感，病人身体在术中的反应，无一不含有大量数据，这使得远程手术在大数据技术尚未能应用之前根本不存在可能，也使得优秀的医疗工作者成为非常稀缺的资源，同时其技术也难以传授给那些地理距离上较远的医疗工作者。

随着大数据时代的到来，通信技术的发展使短时间内传输大量数据成为现实，手术机器人应运而生，病人在手术中的生命体征可以转化为数据，传输到远端。手术机器人不仅仅是一个复杂的硬件，而是一个软硬件复合的大系统，具有手术行为和数据的记录、收集、分析功能。这些功能可以帮助医生提高手术技能，帮助降低整体费用，并优化患者体验。例如，2018年贵州省贵阳市贵黔国际总医院引入贵州首台第四代达芬奇手术机器人，并实施了贵州首例使用达芬奇手术机器人的外科手术。机器人手术只需在患者

身上开几个 8 毫米左右的小孔，主刀医生坐在操控台前，通过内窥镜系统，在已经放大 10 倍的 3D 高清影像视野下，通过手柄控制可旋转 540 度的机械手，精准、平稳地开展手术。通过达芬奇手术机器人记录和汇编的数据，是建立信任和创造合作环境的重要组成部分。这些操作数据和其他指标汇编在仪表板中，以便医生跟踪患者的结果和表现改进。这些数据将验证手术机器人服务线的重要性。

　　过去的城市治理进程存在着地区、城市等差异，一线城市水平高于二三线城市水平，东部沿海地区通常高于中西部地区。在数字化治理时代，这样的差距依然存在，但差距正在缩小，不少城市利用互联网、大数据等技术带来的红利，缩短着与先进地区之间的差距。新冠疫情在一定程度上也加快了城市数字治理的转型与升级。在人们越来越需要在"线上"完成很多事情时，对数字治理的接受程度也越来越高。有生之年，一定能够见证更多数字化治理让城市更"聪明"的实例，为我们的生活开创无限可能。

"贵商易"平台赋能中小企业高质量发展

肖涛

进入"后疫情"时代,经济双循环新战略对于提振内需、转变经济发展模式提出了新的要求,如何从政策、资金、技术、改革、人才等多个层面给予中小企业支持,推动中小企业逐步全方位融入国家战略发展大局,实现中小企业效率、质量、动力的三大变革是急需解决的问题。

针对企业融资贵、融资难、拓展市场难、找政策难、政策匹配不精准等实际难题,通过连接企业需求与后台资源,打造以企业为中心,具备持续规模化创新能力的综合性服务平台至关重要。

"贵商易"贵州省企业综合服务平台(以下简称"贵商易"平台)是贵州省深入贯彻落实《国务院关于支持贵州在新时代西部大开发上闯新路的意见》(国发〔2022〕2号)关于全面优化营商环境的相关要求、全面落实"强省会"战略行动要求,围绕企业全方位服务需求,形成企业上下游供应链对接、金融信贷获取、产销循环、减税降费的企业服务新生态,进一步激发社会和市场活力,高质量、高标准、高水平建成全省对企服务总入口,全面营造惠企、稳企、安企的良好环境,以企业全生命周期服务为理念,打造全省涉企服务聚合"总平台"。

"贵商易"平台精准、便捷地提供找政策、找政府、找市场、找服务、找人才、找资金等"六找"服务,打造"企业、政府、金融机构、消费者"四端数据融通、服务融合的企业服务新模式。该平台是政府惠企纾困政策直达企业的通道;是企业市场拓展、融资的重要渠道;是政府对企扶持项目审批的通道;也是财政资金直达企业的通道。该平台以企业精准画像为核心,让精准服务企业成为现实,旨在进一步优化贵州省营商环境,助推贵州省企业发展生态圈的形成。

"贵商易"平台"找政策"板块,在纵向打通省、市两级政策资源库的基础上,已梳理助企纾困省级政策近千条,通过对各类涉企数据的进一步分析和利用,有效地实现了政策与企业间的双向适配。一方面,相关主管部门可通过"贵商易"平台快速找到政策所匹配的企业,以短信推送等方式实现政策端和企业端的精准匹配,让政策找企业更"准";另一方面,企业也可以通过政策申报、政策查询、政策匹配等功能快速掌握服务流程,实现"一键申报、一站办理、在线兑现",让企业找政策更"易"。此外,"贵商易"平台"找政府"板块已打通贵州省政务服务网,实现39个行业、48个省级部门、

超过 3000 项政务事项在线可查可办；基于贵州省 12345 政务热线能力，进一步打通企业投诉、建议、咨询统一诉求反馈通道，实现企业反馈可查、可看、可评。

"贵商易"平台汇集了工商、税务、交通、工业等十几个政府部门的涉企数据，涵盖了近 70 类的千万余条数据，通过数据治理，最终实现企业服务从"一企一面"转变为"千企千面"，实现精准服务。以平台"找政策"功能为例，通过广泛汇聚涉企数据，强有力的数据基础，不但实现了"政策和企业"的双向匹配，还在此基础上实现了"政策模拟器"的功能，政策制定部门可以通过工具查看政策制定的覆盖程度、覆盖范围等，从而评估政策的制定，加强政策制定的实用性、普适性，转变政策制定无反馈的现状，让政策制定有据可依。最终实现了政策从制定的预判、预判后的调整发布、执行后的反馈全流程的闭环功能。

通过平台功能、业务流程等的打造，倒逼政府侧办事流程、办理机制、服务态度的转变。从企业角度出发，改变原有的营商环境模式。与此同时，通过平台的曝光、各类宣传，进一步助推各类涉企服务转变，让服务更加暖心和高效。通过数据的融通治理，为企业打造体系化的服务，实现"润物细无声"的服务效果。

"贵商易"平台的建成、完善和推广，强化了对企服务能力，从数据源、数据的连接层、数据模型，到各种数据的深度加工、整理及场景的具体应用，都构成了数据的深度应用，所以它可以触达更多场景落地，解决企业多方面难题，构建市场化、专业化、多元化涉企服务体系，为企业发展提供优质、精准的服务，优化企业营商环境，优化平台用户界面，提升用户体验感，让企业更便捷、更舒心、更满意，赋能整个产业。

孵化器——打造数字经济时代的科技服务载体

郑培廷

"数字活市"晓喻新生

数字经济时代的科技服务是以"孵化器"升级、发展创新型企业为驱动，形成促进产业链延伸、加快产业的数字转型、智能升级、融合创新等科技服务的基础设施体系。

一、推进科技创新服务主体转型发展

我国城市化发展的空间越来越宽广，现代信息技术不断发展，高新技术依旧是科技创新服务可持续发展的重要突破口。政府推动设立各地区头部企业，引导地区经济，实现政策、制度、市场、企业、金融、人才等各项创新要素紧密贴合、友好互动，助推科技创新服务主体转型发展。科技创新服务逐渐从被动式服务适应需求到主动创造服务需求的转变，这也是科技创新服务主体从早期创业企业转变为服务行业链条企业的另一体现。这种转变对打造新的科技创新服务生态环境、提升地区构建的市场竞争力和发展创新型企业和创新型智慧城市意义重大。

"孵化器"可促进区域经济平衡发展，推动地区政府治理、执行、引导等能力现代化发展。加强科技创新能力发展，推进"孵化器"创新服务主体转型，提高"数字政府"行政办事效率，优化营商环境，确定"孵化器"服务主体的发展方向，构建有利于"孵化器"服务的市场主体创造的成长环境，为市场主体提供包含但不限于场地、税收、政策、融资、人才等各方面配套服务，在"孵化器"内加速发育提供助力，加快促进地区经济的发展。

市场主体是创新的基本载体，创新是市场主体转型和可持续发展的保证，人才是市场主体创新的内功，"孵化器"科技创新服务是促进市场主体加速发育的创新载体。

二、亟须科技创新服务体系补短板

当前，我国的科技创新生态服务体系建设仍存在一些短板，"孵化器"作为企业创新创业的有效载体，具备整合资源、渠道、政策、人才等因素的潜力，亦具备尽快补全科技创新服务生态体系短板的潜力。

第一，各地区出台的科技创新相关政策缺乏连续性。市场鼓励企业创新、包容创新的生态环境需要完善，政策持续扶持机制需要进一步落地。出台的政策需要具备连续性和系统性以便于营造良好的科技创新政策环境。现今，出台的科技创新政策面临两大问题，一是支持力度不够，二是精准度缺失。部门和机构不同，设立的科技创新政策方向也不相同，无法整体统筹支持。多数站在各自部门角度出发制定的科技创新政策，与财政、税务、金融、营商环境、人才等制度衔接不通。而良好的科技创新服务生态体系、优良的营商环境，需要完备的法律法规来规范，涉及政府对创业园区的规划、政府管理体系等多方面的问题，应当有效减少各项不必要的审批、审核、审查机制，达到快速服务企业的目的，同时相关法律法规出台后需严格落实并执行，确保创新创业主体能够真正获得扶持政策带来的好处。

第二，科技创新机制尚未完备。企业进行新设备、新产品、新技术、新工艺、新材料等市场准入机制不够便捷，面临审批环节多、周期长的难题。科技创新及科技成果转化机制不完备，造成科技成果的归属、价值的评估、产权的交易等严重缺乏明确的法律规定和可执行依据，主要体现在对知识产权的保护、对侵权行为的执法强度和惩罚力度等方面。现行科技创新服务生态体系中，创新创业活动中的受益比例偏低，不利于创新服务生态体系的建设，有关职务发明、知识产权归属、利益分配机制等方面的规定急需调整，以适应现有市场创新和成果转化需求。相关部门对科技创新容错行为需要建立统一的市场联动工作机制，形成鼓励创新、宽容失败的创新氛围。

第三，科技产业基础软件自主研发能力不足。整体科技型产业创新能力需要拓展，科技产业针对基础软件研发投入不足，导致科技产出率低，关键技术领域的关键技术研发能力弱，部分高新技术产品附加值不高。科技研发与市场需求脱节，科技成果的市场转化率低，主要表现在龙头企业带动力不强、科技产业技术储备不足、科技成果转化的专业机构缺失等方面。

第四，注重坚持科技创新与服务创新"两轮驱动"。政府需加快制度创新步伐，培育产学研紧密结合、上中下游科技创新产业业态衔接、各行业企业协同发展的良好创新格局，提升城市创新服务体系整体效能。现今，引入"孵化器"作为枢纽，注重解决企业科技创新资源整合、服务创新意识不足、服务标准机制不规范等问题，加速信息和数据中心为桥梁的科技创新要素集聚、创新资源整合和服务创新能力提升。

三、孵化器的痛点

当前孵化器运营困难重重。

其一是人才。孵化器主要服务的是市场主体，所以必须有能够支持市场主体的力量，其中人才是首位的。人才对于就业地域选择更倾向发展前景的地区，所以经济欠发达地区不管是组织人才，还是经营专家、营销专家，都非常缺乏。

其二是资金。因为大多数企业投资回报期很长，投资回报率很低甚至没有，所以绝少有大量资金主动投入到孵化器孵化服务的企业中，最终让发展不良的"孵化器"成了"穷鬼大乐园"。

其三是机制。主要体现在企业所有者和经营者、孵化器和创业企业之间，缺乏合理的利益关系，在国有的孵化器来看，这是常态，两者之间"共生、共存、共享、共荣"的利益关系没有建立。说穿了，机制的先决条件是对"孵化器"的定位，这决定了政策、人才、资金的导向，也将决定"孵化器"的未来。想要做好资源和能力的发展。适逢"新基建"风起云涌，正是重新审视孵化器的最好时机。

其四是孵化器的过载。"孵化器"根据获评级别不同，有几千平方米到几万平方米的物理空间，入驻企业从几十家到上千家。一方面，入驻企业质量参差不齐，成长速度不一，难以长期有效地对入驻企业提供长效的孵化服务，造成孵化器市场影响大打折扣；另一方面，大多数孵化器过度依赖房租收入，增值服务收入占比极低，特别是园区内企业融资服务未能得到应有的重视或是无法落实该项服务，未来发展无力支撑，最终被市场淘汰。

四、构建孵化服务体系，打造创新生态系统

助推以"孵化器"为服务平台，构建孵化服务体系，打造全链条金融服务业态。坚持以科技金融服务为主要服务手段，按照入驻孵化器初创企业成长进度发展的五个阶段进行阶段式培育、提供精准服务和计划指导。对种子期企业，通过由政府主导、孵化机构承办、多家投资机构、银行参与的创新创业大赛，将具备较大潜力的种子项目筛选出来，无偿给予初创企业或团队资金支持或直接引入天使投资，促使优质种子企业到孵化器园区落地；对苗圃期企业，设立种子项目孵化基金，对发展潜力较大的项目精准投资，帮助提高"成活率"；对成长期企业，提供贴息贷款、科技成果质押贷款、低息信用贷款等融资渠道支撑，让企业加速成长；对壮大期企业，通过省、市、区各级政府专项扶持政策、股权投融资、股权交易等方式助推企业发展壮大；对成熟期企业，大力支持企业"入规、成高、上市"，推行"一企一策"，助力政府打造龙头企业。

第一，构建全范围科技服务体系，提升科技创新服务硬实力。以企业创新需求为导向，打通科技创新服务的堵点，全面提升"孵化器"科技创新服务能力的竞争实力，建设高水平孵化创新服务平台。

第二，构建全方位人才服务体系，提升科技创新动力。围绕企业多层次、差异化的人才需求，注重校企联合培养，构建更有吸引力和保障力的专业人才服务体系。注重人才服务保障，加强人才公寓配套，提升服务能力，为各类人才提供"衣、食、住、行"等各方面的用心服务。

第三，构建全链条产业服务体系，增强创新服务驱动力。遵循市场发展规律，提高产业服务力度，以创新驱动产业发展为抓手。抓实链条发展融合服务，提升创新服务能动力。

第四，构建创新型综合孵化服务平台载体。推动孵化服务平台建设，整合新产业、新业态、新服务等资源，推动新经济和传统产业向数字化产业转型。搭建产业创业孵化

服务平台，以平台+产业链、创新链、金融链、服务链的全链条服务新模式，打造创新型综合孵化服务平台。

第五，构建科技创新环境。以市场和成果转化为目标，打造有利于创新市场主体成长的良好社会环境，建立"科技研发—成果转化—市场应用—科技研发"的有效循环。引导科技企业进行良性竞争，避免同质性竞争，资金支持多用于新产品、新工艺、新技术、新能源、新业态等创新领域。建立以市场为主要目标，构建宽松、开放、包容的科技创新氛围和市场环境。

用数于未萌 治数于无形

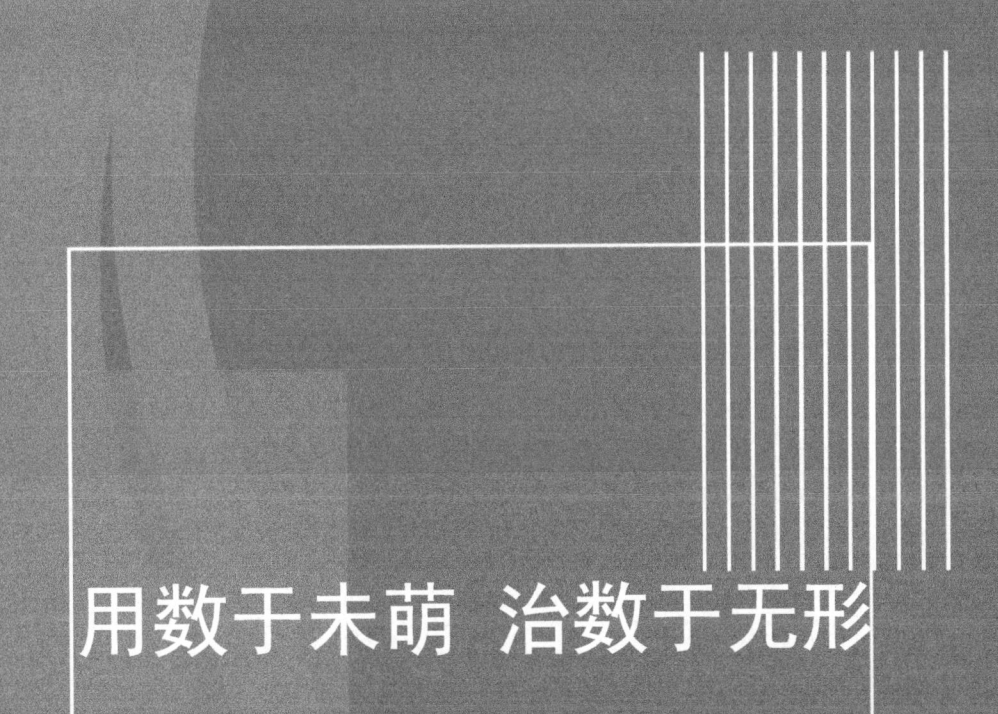

"互联网+政务服务"助力数字政府建设

刘荣江

随着社会的发展进步，尤其是信息技术的突飞猛进，社会各行业和信息技术的融合发展日趋重要，2016年，国家层面提出"互联网+政务服务"改革创新政务服务新模式，提升政府政务服务能力，"互联网+政务服务"的改革思想在全国各地开始深入探索，结合全国政务服务流程烦琐、办理渠道单一、审批时限长等突出重点问题，国家层面先后发布了一系列"互联网+政务服务"建设指南和标准，进一步明确了"互联网+政务服务"具体改革方向和目标，同时确立了国家、省、市/地区三级线上政务服务体系建设标准，总体原则即全国整体联动、省级统筹、部门协同、一网办理，实现政务服务的标准化、精准化、便捷化、平台化、协同化，政务服务流程显著优化，服务形式更加多元，服务渠道更为畅通，群众办事满意度显著提升，相关重要文件有国发〔2016〕55号文、国办函〔2016〕108号文等。

为落实国家相关"互联网+政务服务"改革要求，切实提升贵阳市网上政务服务能力，2018年8月，贵阳市政府提出充分利用贵阳市大数据发展优势，在省级统筹下，建设"一张网、一朵云、一个号、一扇门、一支笔、一次成"贵阳政务服务新模式，推动实体政务大厅与网上政务服务平台融合发展，实现政务服务"网上办、一次办、邮政办、同城办"，不断降低制度性交易成本，持续改善营商环境。

在国家、省、市一系列政策红利的支撑下，贵阳市"互联网+政务服务"改革成效显著，大力推进了贵阳市数字政府转型。2019年，贵阳市启动了市"一网通办"平台建设，依托现有贵阳市政务服务中心微信公众号，积极探索"掌上办理"新方式，进一步完善微信公众号及小程序功能，推动政务服务向移动端办理延伸拓展，将排队叫号信息、查询、简单事项自助办事前端申请功能页面移植到微信端，借助贵州政务服务网平台，实现办事群众多渠道办事。

通过加强自助服务终端建设，依托贵阳市政府数据共享交换能力，整合社保、公积金、交通违章等各类自助终端功能，推进一体化、一号式、综合性的自助终端的建设，为群众办事提供方便、快捷、易用的终端服务设备。

通过整合12345热线，归并互联网、移动端不同渠道的咨询投诉。通过人工智能技术，建设智能问答平台，建立机器自动分词、自动学习的、模糊匹配的功能，并提供微信端的语音接入方式。

通过建设政务服务标准化管理系统，对政务服务事项及业务流程进行标准化管理，将贵州省政务服务网作为唯一数据源，实现省市一套标准、一套管理体系，解决省市各级政务服务事项管理混乱、业务不统一的问题，为政务服务事项实现一网通办创造了基础和条件。

基于贵州政务服务网，开展一窗式服务系统建设，实现窗口人员在一窗系统上完成事项目录管理、窗口管理、表格录入、材料收集、统一受理、业务调度、业务办理及统一出件等业务功能。

以办好"一件事"为核心，建立考核评价和督办督查体系，对集成套餐、综合收件窗口效率等内容进行督办督查，实时监管，强化对申请与受理、审查与决定、颁证与送达3个重要环节监控管理，分析部门办件情况、分析实体大厅人员运行情况、分析实体大厅投诉巡查情况，辅助出具督查情况报告。

通过建设实体大厅管理系统，实现实体大厅设备、耗材、人员管理，提升政务服务线下实体大厅信息化管理水平，通过"一号"管理模式，对全市现场排队情况进行统一管理。

2022年，贵阳市持续深化"互联网+政务服务"创新，从全程网办、系统融通、数据共享三方面推进全程网办工作。

全程网办方面。一是强化顶层设计，先后制定印发了《贵阳市网上政务服务能力提升行动方案》《贵阳市推进政务服务能力全程网办攻坚工作方案》《贵阳市推进政务服务能力数据共享攻坚工作方案》和各部门系统融通攻坚方案，有序推进相关工作。二是规范"全程网办"的定义，对标全国先进地区"全程网办"的概念，收集辖区内政务服务部门和办事群众代表对全程网办的理解和需求，认真分析贵阳市政务服务事项办理方式和企业群众需求，进一步规范贵阳市"全程网办"的定义。申请人通过贵州政务服务网及确需保留的自建业务系统提交申请材料，政务服务机构实现网上受理、网上审查、网上决定、网上送达（可邮政寄递材料或审批结果），整个办事过程无须申请人到政务服务大厅提交申请材料即可办结。法律法规没有明确申请人必须到现场的，不得要求申请人到现场，法律法规明确有以下情形的，通过信息化手段和改革举措线上办理，也算"全程网办"：①需当事人面签的，通过贵州政务服务网实名认证后在线网签；②需提交或更换证照原件的，申请人网上申请后，通过邮政寄递到窗口进行办理；③需开展现场查勘、专家评审、组织现场考试、现场裁决、线下面签的，通过系统平台在线告知申请人结果。三是建立网办清单动态管理机制，建立贵阳市政务服务事项《已实现全程网办》《可突破为全程网办》《暂不能实现全程网办》三张清单，并以贵州政务服务网贵阳站点事项发布为卡点，对贵阳市全程网办事项清单进行动态管理。完成贵阳市全程网办试点经验总结提炼，对全程网办定义、工作流程、难点攻坚等进行规范，形成标准化的工作指引，在全省推广提供贵阳经验。截至2022年12月底，市级全程网办率已突破80%以上，达82.26%；完成202个集成套餐"一表"申请，并联办成，完成20个秒批秒办事项，105个市级移动端办理事项。

系统融通方面，确保"全程网办"能落地。开展市级自建系统融通攻坚行动，按照省级政务服务系统融通工作提出的"五统一"标准，研究系统融通实施路径和环节，紧盯初步技术对接、表单创建、接口联调、综合测试、上线应用等5个关节步骤，推动系统融通工作标准化、规范化开展，全面夯实"全程网办"基础。截至目前，贵阳市市级自建的30个系统中4个业务已迁移至省级系统办理，1个为企业公共服务平台，作为便民服务内容在省政务服务网上实现链接，25个系统已完成融通，国垂省垂系统依托省级打通，贵阳市优先应用的原则，着力提升"全程网办"的广度深度。

数据共享方面，助力"全程网办"见实效。一是推进省市证照库融合，制定《贵阳市电子证照库与贵州省电子证照库系统对接方案》，升级市电子证照库，保持与省电子证照库功能一致，实现数据统一，打通"全程网办"的最后一千米。二是推进证照汇聚，研究证照汇聚的实施路径和环节，按照"确认可汇聚证照、制作电子印章、配置证照模板、汇聚历史数据、人工录入或打通接口方式实时汇聚新增数据、联合发文"等6个关键步骤，标准化开展攻坚、调度，不断优化"全程网办"办事流程。三是推进证照共享应用，分析应用场景开发的实施路径和环节，提出"确定共享场景、获取共享数据、确认共享数据应用流程、关联或打通数据接口实现共享材料应用"等4个关键步骤，推动更多政务服务事项"全程网办"。2022年年底完成59类电子证照汇聚以及36类市级电子证照应用场景落地。

贵阳市通过"互联网+政务服务"建设，构建公共服务体系、提高公共服务水平。以大数据应用为关键路径，加快建立了数字政府公共服务体系，使个人、企业办事前可以全面准确了解相关程序,办理时可以不跑腿、不提交申请材料,从而提高政府智慧服务水平,实现公众办事便捷化,切实解决办事难问题,顺应时代潮流和信息技术发展方向,为公众打造适宜生活和创业的人民群众满意的营商环境。

通过数据共享和数据分析,实现部分行政审批事项零人工干预,由机器学习基本审批操作,自动逐层进入办件的各类环节,使网上审批流程更规范、更透明、更公平、更高效,促进政府服务均等供给,释放改革红利,促进办公自动化向办公智能化转型,在国内"互联网+政务服务"领域属于首创示范工程,对于国内其他省市及省内政务服务信息化发展具有很强的推广性和示范性。

通过整合政务服务数据资源,将分散在各部门、各级的政务数据资源进行汇聚,构建全市统一的政务服务事项库、办件库、项目库、证照库、申请人员库、申请企业库、服务轨迹库等主题数据库,并通过数据的关联分析,提供智能推荐、服务预判等,对内改造完善现有的审批系统,实现基于数据的审批服务,实现智能填报数据感知、申请材料感知、数据复用、智慧审批、数据共享等功能,提高工作人员审批效率,对外向社会提供可以自由下载、使用及传播的政府数据服务,全面加速贵阳市数字政府构建。

城市"时空大数据"应用与发展探索

戴义

2020 年 3 月，习近平总书记视察湖北武汉、浙江杭州两地，先后提出城市治理全周期管理和城市管理、治理智慧化。运用前沿技术推动城市管理手段、管理模式、管理理念创新，从数字化到智能化再到智慧化，让城市更聪明、更智慧，是推动城市治理体系和治理能力现代化的必由之路。2021 年，习近平总书记在向首届北斗规模应用国际峰会致贺信时指出，当前，全球数字化发展日益加快，时空信息、定位导航服务成为重要新型基础设施。

地理信息是时空大数据的核心基础，大规模矢量数据、时空轨迹数据是应用大数据预测分析未来、推动经济发展、完善政府侧综合治理及精细化管理能力的关键基础。

一、时空大数据纳入国家和地方发展战略体系

近年来，国家部委出台多项政策文件，深入推进数字技术在公共服务、城市治理现代化社会领域的广泛应用，推动城市信息模型（CIM）基础平台、城市运行管理服务平台建设，构建城市数据资源体系，助力数字城市建设，建设让人民满意的新型智慧城市。2020 年 4 月，国家发展和改革委员会和中共中央网络安全和信息化委员会办公室联合发布《关于推进"上云用数赋智"行动培育新经济发展实施方案》，将时空信息技术提到了与大数据、人工智能、5G 等新技术并列的高度。特别是住房和城乡建设部提出以"新城建"对接"新基建"，着力推进信息化、数字化、智能化的新型城市基础设施建，并出台相应技术应用规范或导则，引导时空大数据的统一化、标准化建设应用。

二、更多企业围绕时空大数据重构技术方案

时空大数据作为万物互联和城市智慧治理场景应用的数字底座，泛时空大数据的技术厂家、研究中心近年来纷纷入局。人工智能作为时空大数据产业融合发展的驱动力，

信息采集、建模、开发、服务、应用全产业链的深度参与必定将时空大数据发展推向高级阶段，同时空间信息产业也会通过数字孪生在智慧城市中找到了新的支点；例如，超图公司在新推出的新一代三维平台技术体系中，全方位支持倾斜摄影建模、激光点云、建筑信息模型等多源异构的三维模型数据，并推出国内首个三维空间数据规范标准，该标准融合了倾斜摄影模型、建筑信息模型、精模、激光点云、矢量、地下管线、地形、动态水面、三维栅格等多源数据，突破了大规模三维数据传输和解析的技术瓶颈，进一步促进了时空信息的广泛应用。泰瑞数创提供了涵盖高端航测传感器、数据采集、处理服务到应用开发的数字孪生城市建模全产业链服务，还发布了实景世界云平台 SmartEarth，利用结构化语义模型整合了 BIM/CAD 和地理测绘等技术，高效自动地构建城市信息模型，已经成功应用于智慧城市、智慧工业和自动驾驶等领域。51VR 公司运用空间信息、高程、无人机斜拍点云、卫星图、街景图等技术和数据，快速自动化构建大规模数字孪生城市模型，复原城市的每个细节，并进行大场景动态实时渲染，在数据可视化和场景可视化基础上，实现城市运营管理的可视化和精细化。

三、时空大数据加快推动城市治理创新

（一）时空大数据支撑城市治理体系和治理能力现代化

十九届四中全会以来，国家高度重视现代化治理体系的构建。时空大数据能够打破领域壁垒、打通层级边界，对于高效能推进城市治理作用重大。例如，上海市基于城市数字化转型印发的《上海城市数字化转型标准化建设实施方案》中明确指出，聚焦"经济、生活、治理"领域内构建全覆盖的城市数字化标准体系，其中的城市数据底座是社会治理、城市运行、数字经济发展和智慧生活服务的基础设施。数字城市模型是数据底座的外在展示方式，通过对时空大数据深层挖掘应用，融合物联感知数据、城市体检数据、安全生产数据，可精准呈现城市运行状态，打造应急调度指挥、工地安全生产监管、社会垃圾分类等多个虚实交互的城市治理场景，构建城市运行管理"一网统管"体系，实现城市问题精准发现与智能处置，形成市—区—镇（街道）三级联动的跨领域协同治

理新格局。

（二）时空大数据推动城市规建管一体化发展

未来新城新区的建设，老旧小区的改造，都需要以时空大数据为核心，基于统一的城市信息模型，构建规建管运的协同工作体系，共同推进城市的规划建设和综合管理，利用时空大数据构建的数字孪生城市，打破行业数据壁垒，改变传统模式下规划、建设、城市管理脱节的状况，将规划设计、建设管理、竣工移交、市政管理进行有机融合，通过在城市信息模型上推演仿真，在电子城市沙盘上展现城市特性、评估规划和建设效果，可以更低的成本快速推动城市规划建设落地，形成城市数字化资产，为城市持续建设提供科学决策依据，形成规建管一体化的业务闭环，实现城市一张蓝图绘到底、一张蓝图干到底和一张蓝图管到底。

四、时空大数据技术和应用能力不断提升

（一）城市信息模型相关技术应用加速走向成熟

数字孪生城市从概念培育期走向建设实施期，基于数字孪生城市的相关基础技术及应用场景开始加速实施落地。例如，北京、上海、南京、广州等一线城市开展了时空大数据与物联感知数据的统筹建设和资源整合。住房和城乡建设部发布《城市信息模型（CIM）基础平台技术导则》（修订版），自然资源部启动实景三维中国建设，全国各地都加快了城市信息模型平台的落地建设，带动了 GIS+BIM 的技术成熟应用。产业内，诸多企业也纷纷开展社会化城市模型公共服务平台的搭建工作，极大地推动了建模技术服务公众化的进度，加速了建模产业的全链条发展。

（二）城市大数据与空间信息模型加速融合

模拟仿真、空间计算、深度学习等应用有望取得重要突破，数字资源价值化和大数

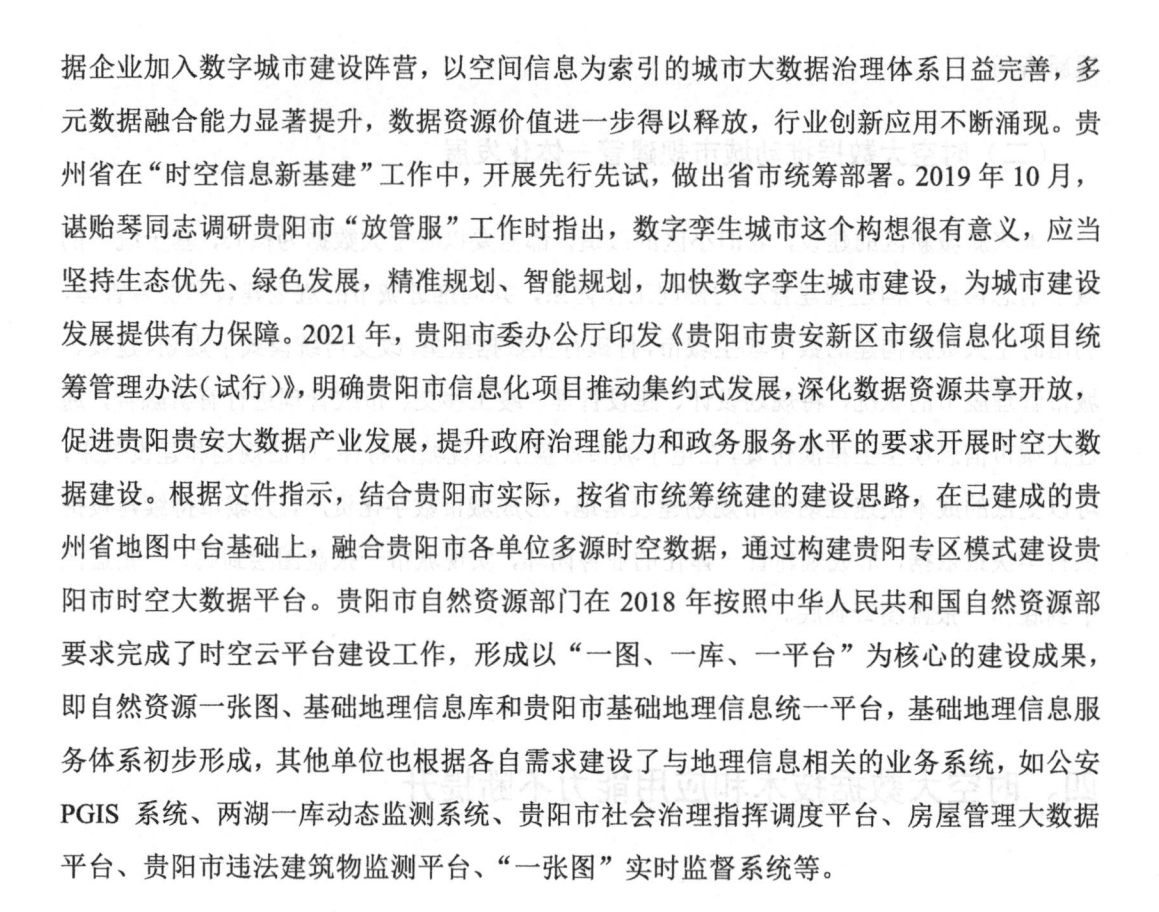

据企业加入数字城市建设阵营，以空间信息为索引的城市大数据治理体系日益完善，多元数据融合能力显著提升，数据资源价值进一步得以释放，行业创新应用不断涌现。贵州省在"时空信息新基建"工作中，开展先行先试，做出省市统筹部署。2019年10月，谌贻琴同志调研贵阳市"放管服"工作时指出，数字孪生城市这个构想很有意义，应当坚持生态优先、绿色发展，精准规划、智能规划，加快数字孪生城市建设，为城市建设发展提供有力保障。2021年，贵阳市委办公厅印发《贵阳市贵安新区市级信息化项目统筹管理办法(试行)》，明确贵阳市信息化项目推动集约式发展，深化数据资源共享开放，促进贵阳贵安大数据产业发展，提升政府治理能力和政务服务水平的要求开展时空大数据建设。根据文件指示，结合贵阳市实际，按省市统筹统建的建设思路，在已建成的贵州省地图中台基础上，融合贵阳市各单位多源时空数据，通过构建贵阳专区模式建设贵阳市时空大数据平台。贵阳市自然资源部门在2018年按照中华人民共和国自然资源部要求完成了时空云平台建设工作，形成以"一图、一库、一平台"为核心的建设成果，即自然资源一张图、基础地理信息库和贵阳市基础地理信息统一平台，基础地理信息服务体系初步形成，其他单位也根据各自需求建设了与地理信息相关的业务系统，如公安PGIS系统、两湖一库动态监测系统、贵阳市社会治理指挥调度平台、房屋管理大数据平台、贵阳市违法建筑物监测平台、"一张图"实时监督系统等。

五、关于开展"时空大数据"发展工作的几点思考

（一）遵循省市共建一体化总体框架，继续加强统筹统建工作

根据《贵阳市贵安新区市级信息化项目统筹管理办法（试行）》文件指示，结合贵阳市实际，按省市统筹统建的建设思路，遵循省市共建一体化框架，在已建成的贵州省地图中台基础上，融合各单位多源时空数据，通过构建贵阳专区模式，建设贵阳市时空大数据服务体系。

（二）成立专业技术部门，联合相关部门、企业、高校共同合作，打造时空大数据专区

推进以城市为主体的省、市、区县三级时空数据共享交换体系建设，推动多部门共建、全领域共享、众行业共用的城市时空信息数据常态化更新机制；建立良好的时空信息生态圈，开展时空信息应用、时空数据处理工作，夯实物理维度实体城市和信息维度数字城市同生共存、虚实交融的智慧城市底座。

时空大数据涉及基础地理信息、政务、民生等多源数据，以及软硬件资源、技术研究、系统开发及维护等建设和运营主体，需联合相关部门共同打造专区。加强市场、技术、标准、应用等全方位协作，针对基础共性技术和应用基础技术，形成齐心协力、协同攻关的局面。联合院所高校加强时空大数据基础研究，筑牢时空大数据根基。加强产业生态合作，构建涵盖知识集成、技术集成、数据集成、算法集成、工具集成、应用集成等方面的强有力的产业生态链，为时空大数据持续发展提供支撑。

（三）健全相关法律法规，构建时空大数据共性服务能力

1. 健全时空数据服务规范和管理办法

时空大数据服务是一项长期任务，需要结合城市实际情况制定合理可行的时空数据服务规范，以保障时空数据服务工作的规范化。一方面，准确、规范、及时更新的时空数据是有效应用的前提，需要配套数据建设和更新规范，保障时空数据的准确性、规范性、现势性；另一方面，需要配套应用管理办法、规范流程、明确责任，规范服务行为，实现空间数据应用按章有序进行。一是标准规范与政策机制。时空大数据服务体系标准规范与政策机制的制定应符合国家、行业颁布的相关标准规范、技术规程和政策机制。在深入调研的基础上，充分利用现有时空信息资源，综合考虑各部门数据需求、功能需求、应用需求等方面因素进行修订完善，确保标准规范与政策机制建设的科学性、实用性和指导性。同时，制定相关的服务标准和协议，方便各单位使用和共享时空数据资源。二是平台建设与管理。时空大数据服务是共用的、权威的、唯一的、统一的时空信息资源共享服务体系，所有共享的时空信息数据均纳入统一管理平台进行发布、共享、交换与管理。政府其他部门、事业单位原则上不得进行类似管理平台的开发建设，如需使用

时空信息数据开展其他工作，必须统一调用时空大数据服务的数据和服务资源，有独立网络运行等特殊需求的以部署分节点的形式进行应用。

2. 融合多源时空数据，构建时空大数据中心

一是数据采集与融合。目前，时空数据分散存储在自然资源部门、住房和城乡建设部门、林业部门等，存在数据标准不一、质量参差不齐、数据缺乏、精细程度不足等问题，整体来看，数据深度应用困难，需要汇聚整合各个部门的存量时空数据资源，按需建设丰富的高精度时空数据，构建统一、权威、精细的时空大数据中心，为智慧城市精细化管理提供数据支撑，充分发挥时空数据的价值。二是数据共享与使用。时空大数据服务通过直接应用、定制应用、标准服务和内嵌调用等方式在政务网或互联网上为政府各部门、事业单位和企业公众提供统一的时空信息数据服务，需要在独立网络环境部署时空大数据服务分节点的由运营部门负责实施，并由其负责分节点数据的定期更新同步。三是数据更新与维护。时空大数据服务资源采用集中建库、分工更新维护的方式管理。时空信息数据资源池由运营部门负责，包括建设、更新、维护和管理等工作，各单位业务数据根据权限各自对共享的数据进行更新、维护和管理，确保信息真实、可靠、完整、及时，并符合相关数据标准和质量要求。运营部门定期统筹各部门时空数据需求，制定时空信息资源目录，标明可供共享的时空数据名称、数据格式、提供方式、共享条件、提供单位和更新时限等，做好时空信息数据的更新和维护工作。

3. 构建统一平台，提升时空大数据服务能力

目前，政府各部门系统之间很多是孤岛式、烟囱式的，部门之间的数据共享主要以多次协调、离线复制的方式进行，效率低下，并且数据的现势性得不到保障，因此需要建设统一的时空大数据服务体系，将各种时空数据统一以服务资源的形式对各部门提供服务，各部门按需申请使用，实现跨部门数据共享、业务协同，提升时空大数据高效服务能力。

一是全要素时空表达能力。通过对城市领域内的地下空间、地表自然、地上建筑、气象等多源的泛时空信息数据采集，结合新型测绘技术，对城市进行全要素数字化和语义化建模，实现由粗到细、从宏观到微观、从室外到室内等不同粒度、不同精度的数字

化表达，形成全空间一体化且相互关联的数字城市底板。

二是物联感知操控能力。通过将城市管理的多种基础感知设备与时空大数据进行融合，实现基础设施"被感知"；通过建设城市级多终端兼容的物联网和物联感知数据管理服务平台对海量的感知设备和数据统一管理，从而实现泛在感知设备的状态实时管理，并能对融合后的城市部件、城市要素数据进行基础的汇聚分析、机理分析输出城市运行发展变化的物理规律。

三是数据融合共享能力。以现有城市信息化管理应用的业务管理数据为基础，以城市时空大数据为索引，构建具备泛在感知的多层次多源融合异构的时空数据框架，形成以地理信息数据为基础、以政务管理数据为主干、以社会经济数据为补充的全空间、全要素、全过程、一体化的时空大数据体系，面对物理城市产生的不同类型、不同形态、不同来源的海量数据，以数据流方式供给行业分析模型、数据治理模型，在智慧城市应用端精确全面地呈现和数字化表达城市运行全要素数据。

四是可视化呈现能力。探索研究具备自主可控的可视化渲染引擎多层次实时渲染呈现时空大数据的能力，在城市宏观管理层面上渲染宏大开阔的城市场景，在城市精细化治理层面展示地理信息局部特征，实现城市全貌大场景到城市细节，再到城市实时视频的多层次渲染，真实展现城市样貌、自然环境、城市细节、城市实时交通等各种场景，同时研究建立利用数据分析模型实现空间分析、仿真模拟结果可视化呈现等功能，并能在多终端进行一体化展示。

五是空间分析能力。基于建立的时空大数据分析算法模型，结合三角网格技术、北斗定位服务等，针对城市管理的具体业务需求，在大场景城市渲染模型上进行时空大数据分析、查看、展示，包括测绘测量、叠加分析、序列分析和预测分析等具备时空属性的分析及路径规划、漫游定制、可视域分析等场景应用类的分析。

六是大数据模型运算能力。借助基于时空大数据构建的城市信息模型基础，研究拓展使用计算机仿真技术定量地对突发事件应对的各环节进行运算处理方法，对城市突发事件，如地质灾害、城市水淹等危机应急预案利用大数据模型算法开展模拟仿真和有效性验证，从更科学、更客观的角度，帮助决策层提出经大规模训练后的多种解决方案或行动参考，避免或减少突发事件因人为错误决策造成的损害，推动多部门共同进行数字城市建设的机制体制建立，有效推进时空大数据体系建设。

七是虚实融合互动能力。利用构建的数字城市底板，实现物理城市在信息领域的数字化映射，物理城市与数字城市同时满足动态变化、实时获取、自动更新及双向互动等多种属性，满足动态时空场景下的数字城市动态演变、运行还原、反向干预、多入口触达等智慧城市多种需求。

八是众创扩展能力。在时空大数据服务体系基础上，将数字城市涉及到的道路更新、BIM建设、人工精模型编辑等场景应用更新服务能力集成后开放，利用协会技术共享、行业奖补的方式让面向行业应用的产品设计者、技术开发者、运营管理者等各类群体参与到时空大数据服务体系建设中，形成能力开放和应用创新平台，为全社会各类应用赋能。

4. 建设统一标准地名地址服务体系

建立统一标准地名地址服务体系，对公安、民政、住房和城乡建设、自然资源与规划等部门的地名地址数据进行分析，提出统一共建共享标准地名地址编码基本规则，开展标准地名地址数据融合处理，建设标准地名地址数据库，为非空间数据的批次"落地"和动态匹配提供基础支撑。

（四）推进重点行业时空数据应用

当前，城市的信息化系统建设对空间数据共享和分析应用需求强烈，因此，需要依托城市统一的时空大数据服务体系，选取GIS应用基础较好、跨部门数据需求强烈的部门开展应用对接，发挥空间资源对业务应用的支撑作用，以点带面，为后续更多应用的接入提供示范作用。

（1）城市治理领域。利用城市信息模型和动态物联感知数据融合，打造精准、动态、可视化的智慧城市大脑，通过人工智能分析、模拟推演仿真，洞悉决策层不易发现的城市运行复杂规律、城市问题内在关联、自组织隐性秩序和影响机理，制定全局最优策略，形成全市统一调度与协同治理模式，提升城市治理水平。

（2）农业农村领域。充分发挥时空大数据的空间要素监测作用，全面推动遥感监测、时空数据分析等技术与智慧农田、智慧渔业等各领域各环节深度融合，服务智慧农业和数字乡村建设，促进农业全产业链数字化转型，提升乡村治理和公共服务信息化水平，以信息化引领驱动农业农村现代化、助力乡村全面振兴。

（3）交通运输领域。以时空信息赋能交通运输发展，强化交通数字治理，在铁路、公路、水运、民航、邮政等领域推广应用。探索在交通治堵、车路协同、物流运输等领域应用。有效提升精准感知、精确分析、精细管理、精心服务能力，促进综合交通高质量发展，为加快建设交通强国提供有力支撑。

（4）住房和城乡建设领域。依托时空信息底座和"住建云"，推进城市信息模型（CIM）基础平台、城市运行管理服务平台建设；形成多部门共建、全领域共享、众行业共用的城市管理数据常态化更新机制。充分发挥"时空大数据"高分影像解析、物联感知、城市信息模型、区域"块数据"和行业"条数据"融合等能力，开展城市区域新型城镇基础设施建设试点，实现数字政府建设中的数据融合共享、数字城市底座、行业领域应用等有序稳步推进，打造"城市精细化管理"样板示范工程。

（5）水利领域。推动时空信息服务在水利"一张图"建设、防汛抗旱、水生态环境保护、水利工程安全、智慧水利等领域开展应用示范。支持水政执法、防汛预警、大坝及桥梁监测、岸线巡查监控、河湖库边界定位和监测等日常工作。

（6）应急管理领域。以时空数字底座开展城乡区域自然灾害监测、应急指挥通信服务和防灾减灾空间信息服务等信息化平台建设，为灾害应急响应、救援决策和业务协同提供服务。

（7）文化旅游领域。以时空大数据为基础，开展旅游信息化、智能化升级建设，实现旅游空间行为分析、旅游规划和资源评价、旅游预警、旅游智慧交通、旅游智能导览等智慧应用，为我市旅游规划决策提供支撑，促进我市旅游产业发展。

（8）生态环境领域。依托时空大数据，开展环境监测、环境影响评价、生态分析、环境应急处理等方面信息化建设，服务于生态环境资源动态管理、生态环境保护、领导决策等应用场景。

（9）其他领域。基于时空大数据服务能力，开展数字校园、智慧社区、数字医疗、食品安全、数字景区、数字监察等领域的应用。

推进数据共享 提升应用价值

邹颢

数据共享就是让处于不同位置的人通过不同的计算机、使用不同的系统也能获取他人的数据并进行各种运算和分析。跨层级、跨部门的信息系统之间，数据及数据产品的共用与交流，就是把在互联网时代中重要性越趋明显的数据资源与他人共同使用，实现资源配置更加合理化，同时创造更多财富，而且节约了社会成本。这将是提高数据资源利用率，避免数据的采集、存储及管理上存在重复浪费的一个重要手段，数据资源的共享能够促进流通应用，能够做到资源利用率的有效提高，减少闲置资源甚至浪费。

在大数据应用中，以数据应用为基础，推进公共服务精准化，现代信息化社会的迈进。数字化信息的爆发式增长，带来的是庞大冗余的数据堆积，各个政府部门之间大量数据的堆积，使有效无效数据的区分困难，政府数据之间产生了数据壁垒，难以高效共享，从而增强数据应用公共服务的精准化程度，现在人们对生活生产的服务需求呈现高度的差异化和个性化，大数据的应用为政府提供了有力工具。在政府工作中就是以原始数据为基准，通过数据分析，再结合政府对居民的生活情况核查比对，不仅能排查筛选出不符合条件的居民，还能真正从数据上比对，哪些是符合条件的居民。分析比对可以校正数据模型，形成高质量数据堆积，促进数据的准确性、真实性，增加数据的可共享性。

在城市现代化治理中，数据的不准确性和时效性、政府协同处理信息的延迟性，导致数据不能高效、准确、快速地共享，无法很好地服务政府现代化治理。数据共享交换平台应运而生，该平台整合各部门数据，形成数据资源池，包括本地政府的全量数据资源目录管理体系、政务数据采集体系、数据共享开放交换体系。依法有序地进行共享数据，打破数据壁垒，推送高效的数据，以应用为驱动促进数据共享。

以应用为驱动促进数据共享，推动资源整合，大力推动实现公共数据公开和共享还存在以下问题。

(1)数据孤岛的存在是政府治理，特别是建设数字政府中长期存在的一大突出难题。从其形成过程看，数据孤岛主要是政府部门未形成统一的数据管理规划。例如，业务系统在部门专网里，导致网络不通，无法进行数据共享，且各信息的标准及数据格式规范也不统一等。可以运用现代信息化技术制定统一的数据管理标准及规范，建设一张网，按照系统应迁尽迁的要求，统一在一张网里管理业务系统，积极推动数据跨部门、跨区域互通共享。

(2) 应用场景不足和数据质量问题。数据质量难以保证,这里的数据质量不仅包含缺少关键核心数据,同时也包含数据数量缺失,数据规范标准不统一等问题。通过应用驱动,以具体应用场景为实际出发点,提出应用所需的数据需求。一是能够解决数据不仅在数据资源池中,还从数据资源池中流出后进行运用,发挥了数据共享的价值。二是能够同时监管各部门数据共享质量的情况,通过应用能够很快发现现有数据是否能够满足应用需求,数据是否全量,关键核心字段是否缺失等问题,有助于促进数据共享生态环境。

(3) 强化数据安全的保障。在数据共享开放和数据的保护之间需要寻找一个平衡点,在遵循国家数据安全相关法律法规基础上,既不能因为有信息泄露风险的可能就阻断数据共享,同时也不能一味地提供数据共享效益而毫无保留地公开,从而忽略了数据安全保障的建设。因此,必须把数据的安全摆在重要的位置。首先要制定数据分级分类标准,将数据信息的采集、存储、传输、使用、分析、销毁等各个阶段进行分级管理。这样,数据在得以有效应用的同时也确保了数据安全可靠。此外,还需加强数据信息安全相关法规政策的学习,以内容周全、条理清晰的法律法规来提高数据信息安全保障,尤其要杜绝数据的非法交易。

以应用为驱动促进数据共享,助力城市现代化治理是一项长期的工作,需要在不断实践中发现问题、处理问题,通过应用驱动数据共享,不断反哺数据准确性,提高数据质量,提升数据共享性。

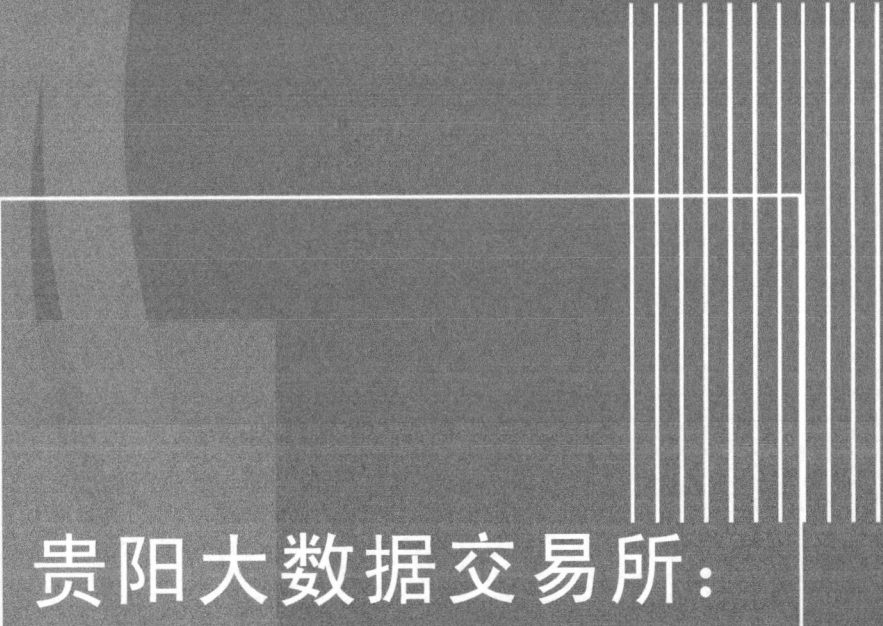

贵阳大数据交易所：
亚马孙雨林里的蝴蝶翅膀

释放数据要素价值 助力数字活市

李聆汐

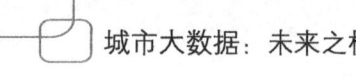

作为贵州省数字经济开发的主战场,贵阳市抢抓数字契机,持续释放数据要素优势,全面激发数据要素资源,着力促进数据要素交易发展,在一系列政策措施的引导下,不断推进数据要素交易市场建设,深植在数字经济的开发沃土。在管理模式创新、流通平台搭建、产业生态营造等方面取得显著成效。

一、数据要素的概念

从经济学的角度来说,具有使用价值的数据资源在能够产生经济价值的前提下,将数据资源称为数据要素。在信息元素领域内,信息元素拥有劳动对象和知识方法的双重特征。

(一)不同时期对数据要素的定位

数字革命正如日中天,数字技术以前所未有的广度和深度与人们生产生活交汇融为一体。经过对信息的全面发掘和合理运用,世界信息呈现出爆发增加、大量聚集的特征,对当今社会的经济发展、生产生活及城市治理产生了至关重要的影响。数据从一开始就存在,它在不同时期有着不同的定位。在农业时代,由零散的劳动力所产生的是事物的一种载体,这是信息化的一种表现(数据);在工业时代,工业时代是从劳动力到机器大工业的飞跃,机器大幅度取代了零散的劳动力,集成了大量的资源,加工并储存,这里可将其称为数据资源;在数字时代,通过数据库获取可用的数据资源,进行数据挖掘处理,使数据资源具备经济价值,称为数据要素。

(二)数据要素的基本特征

数据作为新的生产要素,相对于传统的生产要素,其具备以下五大特征:

一是虚拟性,数据要素并不同于土地、人口等"有形"的社会要素,只是以电子的形态出现于虚拟世界之中;二是非消费性,数据在实现传播、复制、再利用的过程中基

本没有产生损耗;三是非排他性,所有人在使用信息时都不能考虑别人的使用情况;四是规模价值递增,数据的规模越大,数量越多,其所拥有的价值也就越大;五是行业模糊性,即对每个数据的使用、管理、利用都可以存在于许多不同领域中,而无具体的人权特征。

二、数据要素的价值体现

(一)数据要素产生的作用和价值

1. 数据生产要素的三大作用

一是优化经济系统的资源配置。数字技术应用将促进整合人才、资金、物质等信息,推动促进数字经济与实体经济的高效融合,从社会上优化资源配置,提高全生产要素效率。二是促进全方位精准化治理作用。数字经济将给政府宏观调控带来新动力,通过在消费、金融、税务、投资、金融、进出口贸易等方面广泛的大数据应用,使政府经济宏观调控工作更加有效、广泛和有效,从而极大地推动了政府对社会经济结构的调整升级,并有效预防和化解了各种经营风险。数据汇聚在促进市场方面,提升政府部门对行业变动的敏感能力,完成对事件的全流程监控;优化了政府对社会管理和服务的制度,对人口流动、城镇交通管理、应急救灾、市政民生、等工作领域,以及对社区、教育、养老、医疗等社会服务领域数据资源的挖掘运用。三是提升产业发展功能。数据已成为推动产业发展的关键要素,基于数据的新兴产业发展推动着行业转型升级和发展新动力形成。通过大数据的征信、金融服务、市场营销、产品评估等领域,推动行业的优胜劣汰和数据整合效率提高。大数据研发的设计基于客户需求反馈模式,使企业产品研发具有针对性和导向性,从而提升了企业的数据供应能力。同时,通过工业互联网技术解决了生产车间数据的多样性开发问题,使工业生产变得更加多样化,并有效支撑了个性化定制、产品溯源及网络制造等新型制造业态。

2. 数据要素的价值体现

数据要素单一存在时，相对推动的经济增长速度非常缓慢，可以采用以下方法进行计算，并通过模型整合产生效益。一是价值的倍增。数据要素可以协助传统生产要素提升产业效能，数字因素和资金、科技、劳务等传统因素的融合可以使传统因素的价值增加。二是资源优势。数字因素不但能使科技、资金、劳务这些单一因素形成倍增效果，还可以改善科技、资金、土地、劳力等单一因素间的资源配置，达到彼此之间的资源配置效益提升，使数字因素真正的效益显现。三是投入替代。网上购物取代了实体购物的烦琐，银行业务办理也能在手机上"一机多办"，数据要素用更少的投入、更低的成本创造了更高的价值。

（二）数据要素的应用领域

数据要素作为新型生产要素，应用范围甚为广泛。在医疗、气象、交通、教育、金融、零售、电商等行业领域都有着高效的运转能力。例如，电商领域，大数据云计算能对用户进行定位及了解，通过各种渠道收集数据再通过大数据技术创建预测模型，从而更全面地了解用户及他们的行为、喜好，为用户精准推荐个性化物品、进行营销广告的投放；除此之外，数据算法能建立精准定位，从商家的角度，精准定位市场，对市场整体趋势进行数据分析，满足商家对市场建设的需求；对市场进行竞争策划，并基于市场不同领域的发展趋势进行详细的了解，从而使商家有效运营。在城市治理领域，数据要素改变了政府对社会生活的治理模式，数据一网通，在市场经济调控、金融财政、公共卫生、生态保护、自然灾害等方面都能高效率地进行管控和快速洞察。在交通领域，利用"互联网+监管"有效保障了城市交通安全，以往城市交通事故频频发生，在电子摄像头的监管下，城市道路交通违法行为得以减少。在民生领域，民生服务智能化、高效运转流程化达成"一门服务、一网通办、一次办成"的一体化服务，为民生改善带来了更多惊喜和保障。

三、数据要素价值释放的意义

（一）数据要素价值释放对城市动态发展的意义

一是数据要素是实现城市优化资源配置的路径之一。数据要素具有虚拟性、非消耗性、非排他性等，贯穿市场的各环节，对城市数字经济的创新有着重大意义。工作生活各方面通过整合信息要素，大大增强了传统要素信息的资源配置效能，在城市治理、生活服务的管理决策方面实现全局优势，在农业、金融、政府、产业、交通运输、城市治理等方面产生倍增影响，为市场经济建设带来不竭动能。二是数据要素成为助力城市数字经济高速增长的新动力。数据要素的合理发掘和合理运用，将有效提升企业的生产力，促进实现生产力转变、价值链完善和竞争力重塑，激活数字经济的新动力。高效推动各类市场、领域、资源的快速融合，实现市场经济数字化转型，在企业和数字经济上共享互通，既能为中小企业提供低成本的融资，又能促进企业劳动生产效率，推进企业转型升级、智能发展，为企业创新提供发展环境。三是数据要素是促进我国城市管理和社区管理制度信息化的关键因素。以数据要素资源的生产应用为基础建立的数字社会经济结构，将大力促进中国的管理结构和管理方法的现代化，并革新着行政管理方法和社会管理方法模式。

以城市治理为例，新冠疫情期间的"健康码"、交通智能监控的抓拍、国防安全系统等安全防范问题都能依托大数据的科学决策和社会治理的机制。汇集了政府数据和公共资源，打通了原有信息沟通的"阻断"，发挥了多方信息资源共享的标准化、全范围、可信度高的突出优点，在疾病防治、公共交通出行、医药卫生、文化教育、城市发展等领域实现了巨大作用，显著提高了政府机构运转效能、丰富了数字化的便捷信息环境，有效促进了城市治理体系和治理能力现代化。

（二）"数字活市"对数据要素市场发展提出的要求

稳固的数据要素市场发展能为"数字活市"数字城市提供有效价值，充分发挥数据要素的作用，助力推进数字城市建设。一是加强公共数据资源供给能力。在政务、公共企事业单位上加大数据资源的供给，政务数据、公共交通、教育、医疗等事业单位都统一把数据资源储存在"贵阳贵安"数据专区集中打造"一云"平台；在保护个人隐私和数据安全的情况下，可开发形成数据产品及服务，扩大数据要素的供给市场。二是引导各类市场及个人的数据资源供给。在数字经济和各类企业相互融通，推动政府和企业数据融合应用，对企业、个人提供数据采集和开发利用的权利，满足个人数据的商业化运营。三是强化数据资源供需的对接。规范国有数据资产的交易，将贵阳大数据交易所发展为全国数据资产交易场所，引入各行业数据商在贵阳大数据交易所进行购买数据产品和服务等交易行为，每年需不断引入应用场景，增加数据供给，挖掘和创造更多的价值。此外，政府在大数据交易的服务方式创新上也应予以支持，提高了大数据交易的信息技术水平和服务。四是构建数据流通的基础。制定数据资源交易管理办法，在交易规范、交易安全、数据来源、隐私保护方面健全制度；建设"数据金库"和"沙箱"，保障数据交易真实可信、数据交易来源安全可靠，从而更好地为企业和个人提供安全加工、开发利用机制。

四、对释放数据要素价值，助力数字活市的思考

一是要健全数据要素流通应用的基础规则。健全信息要素流转与交易平台的交易、清算、定价、计量、操作规则等基础方面的法规体系，健全完善信息交易规则、交易商准入指南、安全评估指南、规范评估指南等制度体系，探索规范有效的信息流转和交易制度，做到交易信用来源合规、安全保护规范、信息流转交易规范。探索建立健全的信用价值评估制度，形成统一信息要素价值评估标准，积极引导企业进一步探索信用价值机制，进一步探索建立健全的信用价值形成体系。例如，2022年5月27日，贵阳大数据交易所率先在业内发布了数字物流交易准则体系：《数据要素流通交易规则（试行）》

《数据交易合规性审查指南》《数据交易安全评估指南》《数据产品成本评估指引 1.0》《数据产品价格评估指引 1.0》《数据资产价格评估指引 1.0》《贵州省数据流通交易平台运营管理办法》《数据商准入及行为管理准则》。充分开发利用数据要素市场，有效为数字活市输出资源。

二是构建数据要素充分流动融合的格局。加快数据要素市场的开放共享性，推动和激发企业、个人对数据资源的供给，从数据储存到数据安全利用开发再到资源共享的生产方式，有效使"数据+"企业、"数字经济+"实体经济能够快速融合应用贯通，推动省市一体的资源共享性和流通性。

三是提升数据要素的应用能力。加快城乡生活数字化转型，以大数据赋能新型城镇化，加快推进市政、交通、监管等传统设施数字化的改造升级，建设全方位、可感知的智能数字化场景；加快政府的城市治理数字化转型，采取数据治理专项行动，依托省数据共享交换平台，推进城市社会治理、交通、环境卫生等多个领域的全面改革；扩大数据要素市场规模，提高数据要素的供给能力、提升数据要素的流通效率、扩大数据要素应用范围，推动"数字活市"建设智能化的应用场景。

四是健全数据要素的安全保障机制。数据来源本是多源异构，运用云计算、区块链、多种新技术为交易、结算、支付提供可信赖的交易环境；建设数据金库和数据黑箱，为企业及个人提供数据开发利用、加工等一系列服务，通过数据黑箱确保交易真实性，维护市场交易支付环境。

五是探索创新数据要素未来走向。打造数据流通交易生态，大力聚集数据商，引进各行业、各领域在贵阳贵安设立功能性总部，打造多个数据商，加快数据开发利用的特性，增加数据要素资源的多元化服务功能；在数据跨境流通交易上支持贵阳大数据交易所建设数据跨境流通交易平台，先行先试对外开展数据交易流通，奋力打造国家算力枢纽中心，把贵阳大数据交易所建设成为国家级大数据交易所。

贵阳大数据交易所创新探索及运营成果

随着大数据的普及和应用，数据资源的价值逐步得到重视和认可，数据交易需求也在不断增加。在国家政策的引领支持下，贵阳大数据交易所有限责任公司（以下简称"贵数所"）于2015年4月14日正式挂牌运营，是全国第一家以大数据命名的交易所。2022年1月，《国务院关于支持贵州在新时代西部大开发上闯新路的意见》（国发〔2022〕2号）中明确提出贵州"数字经济发展创新区"的定位，要求贵州省深入实施数字经济战略，强化科技创新支撑，激活数据要素潜能，推动数字经济与实体经济融合发展，为产业转型升级和数字中国建设探索经验。特别是，意见中明确指出，支持贵阳大数据交易所建设，促进数据要素流通。

贵数所是一个面向全国提供数据交易服务的创新型交易场所，遵循"开放、规范、安全、可控"的原则，采用"政府指导，社会参与、市场化运作"的模式，旨在促进数据流通，规范数据交易行为，维护数据交易市场秩序，保护数据交易各方合法权益。贵数所根据《贵州省数据流通交易管理办法（试行）》，提供交易主体、交易标的登记凭证服务；多元化数据交易产品供需撮合服务；在线签约、资金结算等服务；组织法律咨询、数据公证、质量评估、数据经纪、合规认证、安全审查、资产评估、争议仲裁、人才培训等第三方专业配套服务；组织数据资产金融创新服务与数据流通交易活动相关的配套服务。

贵州在已有经验基础上探索新型数据交易范式，积极争取国家相关部委的指导和支持，对标国家培育数据要素市场顶层设计要求，高标准建设新的贵阳大数据交易所，主动融入国家数联网根服务体系，研究适应数字化时代生产力发展要求的数据交易制度体系，围绕数据要素市场发展的关键共性环节，有效消除数据要素垄断和数据资源配置脱节，形成一批可复制、可推广、可借鉴的经验模式。力争将贵阳大数据交易所打造成承接国家级数据要素市场的重要载体，扩大贵阳大数交易所在全国范围内的影响力和吸引力，力争建设成国家数据生产要素流通核心枢纽。

一、充分的政策支持

2020年5月，中共中央网络安全和信息化委员会办公室、国务院出台《公共数据

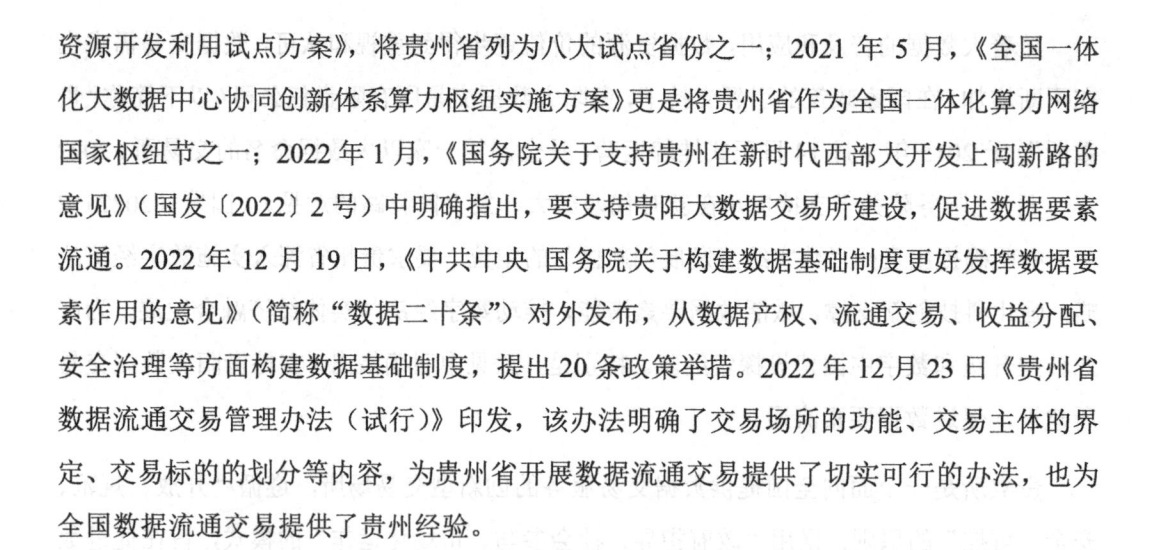

资源开发利用试点方案》，将贵州省列为八大试点省份之一；2021年5月，《全国一体化大数据中心协同创新体系算力枢纽实施方案》更是将贵州省作为全国一体化算力网络国家枢纽节之一；2022年1月，《国务院关于支持贵州在新时代西部大开发上闯新路的意见》（国发〔2022〕2号）中明确指出，要支持贵阳大数据交易所建设，促进数据要素流通。2022年12月19日，《中共中央 国务院关于构建数据基础制度更好发挥数据要素作用的意见》（简称"数据二十条"）对外发布，从数据产权、流通交易、收益分配、安全治理等方面构建数据基础制度，提出20条政策举措。2022年12月23日《贵州省数据流通交易管理办法（试行）》印发，该办法明确了交易场所的功能、交易主体的界定、交易标的的划分等内容，为贵州省开展数据流通交易提供了切实可行的办法，也为全国数据流通交易提供了贵州经验。

二、较好的资源基础

近年来，贵州以建设大数据综合试验区为抓手，勇做"数据要素价值释放"的"排头兵"，积极推进数据资源集聚。同时，贵州逐渐成为全球数据资源集聚新"洼地"。目前，贵州已经成为全国三大基础电信运营商、华为、腾讯等行业龙头布局建设数据中心的集聚地，多个国家部委、行业或标志性企业数据资源落地贵州。

贵州省数据流通交易运营项目围绕打造数据流通交易场所，开展市场运营服务、市场推广服务、数据流通交易市场第三方中介服务，举办数据开发利用大赛，打造国家数据要素流通核心枢纽，具体如下：

（一）市场运营服务

1. 市场主体培育

培育一批深耕政务、金融、教育、税务、医疗、文旅、公共资源交易、通信、电力、交通、气象等领域的专业数据商。发展壮大数据商规模，扩大数据产品上架量，对数据

商的产品进行运营及市场交易撮合。针对不同数据流通交易领域，设计入场交易补贴奖励，探索通过税收抵扣、建立行业规则、绿色通道等一系列运营手段，引导市场活动由"场外无序交易"向"场内规范交易"转变。

2. 运营服务

撮合服务：根据供需双方需求，围绕不同领域场景应用，提供数据标准化产品、定制化产品、代运营、咨询、解决方案等撮合服务，协助买卖双方线下达成合作协议，线上对交易产品进行备案登记、测试、交付。

数据交易全流程服务：提供主体认证服务、产品上架服务、数据交易服务。在平台新注册的交易主体，从自身实际情况出发，按流程完成审核后，可获取"数据商登记凭证"，进一步在平台将数据产品上架。根据流程指引和引导服务，完成交易。

交易激励机制：培育数据商入场交易习惯，规范交易行为和流程，拟制定交易激励规则，用于对进场交易的供需双方给予交易激励，制定奖励规则，激励进场交易的供需双方。

（二）市场推广服务

1. 构建数据流通交易场所

打造高效规范的数据流通交易场所，推动数据要素市场化、规模化运转，组建专业化运营团队，面向市场提供多元数据交易供需撮合服务、业务拓展、数商培育等服务。

2. 品牌建设

借助"中国国际大数据产业博览会"平台，聚集资源，树立品牌，扩大影响。形成"一会一所"强强联合，"一会"引流，"一所"转化。围绕大数据领域行业最新资讯、政府的相应政策、创新场景应用、行业数据分析等相关特色主题。进行贵阳大数据交易所品牌VI设计、企业文化墙建设、宣传片、宣传册制作等。

3. 宣传推广

宣传推广采用融媒体多渠道宣传，一是打造贵阳大数据交易所特有的数据流通交易品牌 IP，基于交易平台、公众号、官网、视频号、直播号、论坛、沙龙等渠道，向数据商、数据中介、媒体及其他合作机构，提供对外宣传服务。二是提供融媒体新闻宣传、展会活动及路演举办、社群运营、宣传视频拍摄及其他服务等。

（三）数据流通交易市场第三方中介服务

培育一批开展数据集成、数据经纪、合规认证、数据公证、数据保险、资产评估、争议仲裁、交易撮合、人才培训等服务的中介机构。

通过培育第三方中介开展数据安全评估服务、数据交易合规审查服务、数据产品价值评估定价服务等。

1. 数据安全评估服务

对数据交易涉及的数据安全性进行评估服务，并出具相应的评估报告。通过对数据资产和数据处理活动中要素的梳理，结合已有合规措施，在充分识别法律法规对不同数据类型的要求，以及处理活动中合规要求的基础上，完成数据安全合法合规性分析。

2. 数据交易合规审查服务

引进一批经过贵州省数据流通交易平台资格认证的专业机构，对数据交易涉及的数据购买方、数据提供方及数据产品的数据合规性进行评估，完成金融、医疗、城市管理、社会信用、农业、物流及其他场景的数据交易行为合规审查，并出具相应的评估报告。

3. 数据产品价值评估定价服务

对数据交易涉及的数据购买方、数据提供方及数据资产价值方面进行评估，使用成本法、收益法、市场法等执行数据资产评估业务，根据数据资产形成的全部投入，考虑数据资产与成本的相关程度，考虑成本法适用性等，出具相应的评估报告。

4. 价格计算器

通过多因子成本修正数据模型，为数商提供各应用场景的数据价值评估结果，促进数据要素的资产化和资本化。

5. 安全合规平台

对数据要素合规平台进行运营，依据数据相关法律依据，形成数据要素合规相关的合规判定规则，面向数据交易和律师事务所提供数据合规的线上流程管理、出具数据合规报告、定期进行合规态势分析、AI辅助举证等服务。

三、举办数据开发利用大赛

举办及联合筹办各类数据开发利用大赛，如"数据场景应用创新大赛""挑战杯全国大学生系列科技学术竞赛"，包含大赛前中后期宣传、组织选手参赛，大赛平台搭建，规则制定、专家评审、颁奖、对于中奖选手资金支持，将获奖的大赛作品孵化成数据产品上架进行数据流通交易。

"数据场景应用创新大赛"获奖团队及成果将在中国国际大数据产业博览会进行颁奖，成果同步展示在贵阳大数据交易所官网。

四、打造国家数据要素流通核心枢纽

从行业培育和价值创造着手，以贵阳大数据交易所为核心，积极打造"三环"。以交易供需双方为"内环"，以第三方服务商为"中环"，以场景和需求为"外环"；通过丰富有效供给，结合场景应用和数据需求，大力推动交易撮合落地。

（一）横向丰富数据产品

交易平台上架数据产品覆盖公共资源、气象气候、地理空间、金融服务、政务民生、道路交通等多个领域。其中，公共数据产品包括人力资源和社会保障数据产品、不动产数据产品、公共资源数据产品、道路运输数据产品、工商信息数据产品、民政数据产品等；企业数据产品涵盖了气象数据产品、电力数据产品、全国物流数据产品、招投标行业数据产品、运营商三要素数据产品、算力服务等。

（二）纵向搭建行业专区

贵阳大数据交易所于 2022 年 4 月和 8 月，先后上线全国首个官方授权的"气象数据专区"和"电力数据专区"，面向能源、电力、水利、工程建设、农业、交通等多个行业提供数据产品。

政务数据开放专区于 2022 年年底上线运行。专区上线后将使贵州省政务数据开放平台与交易平台互联互通，畅通公共数据开放渠道，激活社会用数潜能，提升数据开放服务质量，进一步释放数据价值，此举将使贵州省成为全国首个打通政务数据共享和数据交易通道的省份。

（三）跨省数据交易机构合作

贵阳大数据交易所于 2022 年 8 月 19 日与深圳数据交易所签订战略合作协议，实现全国首例数据交易所强强联合，在跨省数据规则互认、数据商互认、算力资源合作、数据生态圈共建等方面率先探索。

（四）加大产学研合作

项目申报方面，"贵州省数据流通交易平台运营项目"成功入选工业和信息化部公布的《2022 年大数据产业发展试点示范项目名单》。行业研究方面，联合复旦大学、中国信通院开展全国数据交易指数研究。配套制度方面，一方面作为发起单位发起设立前

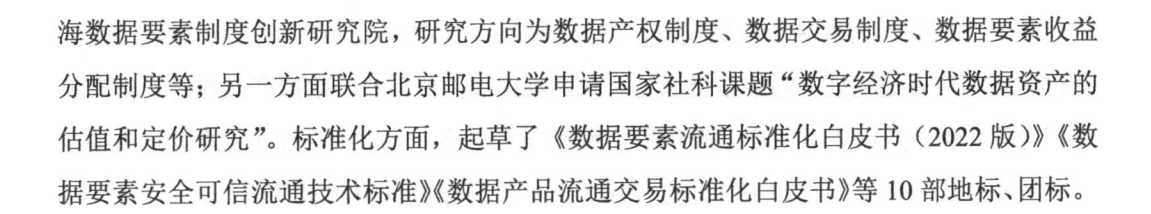

海数据要素制度创新研究院,研究方向为数据产权制度、数据交易制度、数据要素收益分配制度等;另一方面联合北京邮电大学申请国家社科课题"数字经济时代数据资产的估值和定价研究"。标准化方面,起草了《数据要素流通标准化白皮书(2022 版)》《数据要素安全可信流通技术标准》《数据产品流通交易标准化白皮书》等 10 部地标、团标。

五、做实数据交易

当前,我国提出构建数据基础制度更好发挥数据要素作用,其中数据产权、流通交易、收益分配、安全治理等重点也是困扰交易所运行的难点。为做实数据交易,贵阳大数据交易所在实践中进行了以下探索。

(一)机构体系创新

以全国独有的"一中心一公司"运行架构开展工作。"一中心"即贵州省数据流通交易服务中心,履行数据流通交易、合规监管服务等职责,负责贵州省数据流通交易顶层设计、规则制定、平台建设等工作。"一公司"即贵阳大数据交易所有限责任公司,主要承担大数据交易所全面运营、市场推广和业务拓展等,确保合规运营、良好发展。通过构建规范高效的数据交易场所,完善数据流通交易标准化体系,平台支持数据产品和服务、算力资源、算法工具等多元化产品交易,并在此过程中逐步探索开展数据产品定价、价值评估。

(二)核心机制设计创新

2021 年以来,联合国家信息中心、清华大学等机构,通过抓顶层、建制度、定规则、育生态,引导、规范数据流通交易。2022 年 5 月正式发布了全国首套数据交易规则体系,内含《数据要素流通交易规则(试行)》《贵州省数据流通交易平台运营管理办法》《数据产品成本评估指引 1.0》《数据产品价格评估指引 1.0》《数据资产价值评估指引 1.0》《数据交易安全评估指南》《数据交易合规性审查指南》《数据商准入及行为管理准

则》共 8 项规则。为解决数据确权难，交易所探索开展市场主体、数据要素登记服务，通过颁发相应登记凭证，将数据资源持有权、数据加工使用权、数据产品经营权等产权进行分置，保护数据要素生产、流通和使用各方的利益，合理界定数据要素市场各参与方的权利和义务，保障市场主体通过使用数据和经营数据获得收益的权利。

（三）交易撮合模式创新

贵阳大数据交易所承担贵州省数据流通交易平台的运营、市场推广、交易撮合、业务拓展等工作，培育以公共数据、个人数据、产业数据等主题数据为核心的专业数据市场。构建数据交易市场的层级结构，建立了不同层级的进场标准、监管条件、交易规则等配套运行管理机制。为解决数据供给难。交易所从数据"供给侧"出发，通过强化政务数据、公共企事业单位数据供给，开展授权运营，鼓励支持行业龙头企业、互联网平台企业与政务数据和公共企事业单位数据运营机构合作，激发企业数据、个人数据供给活力，丰富可流通交易的数据产品和服务。例如，平台上搭建了全国首个"气象专区"和"电力专区"，还依托"贵州政务云"系统平台，实现多个省级部门数据资源的汇聚。

（四）第三方服务生态培育创新

创新产业生态服务，解决数据入场难。交易所围绕数据流通交易上下游产业链，着力在政务、金融、医疗、文旅、劳务用工、公共资源交易、通信、电力、交通、气象等领域培育引进一批专业数据服务商，鼓励发展数据集成、数据经纪、合规认证、数据审计、数据公证、数据保险、资产评估、争议仲裁、人才培训等第三方服务中介机构，为买卖双方提供专业化服务，提高流通交易效率。例如，评估服务机构对交易主体专业资质、数据及产品质量、数据开发成本、交易定价、安全能力等开展评估认证，并出具评估报告；法律服务机构开展数据开发认证、数据安全审计、合同签署及履行公证、数据争议仲裁等，促进数据交易合规有序发展；金融服务机构开展数据资产质押融资、保险、担保、信托等创新型数据金融服务；培训服务机构开展数据交易上市辅导培训、职业培训认证等服务。同时，探索政策创新突破，试点开展数据要素型企业认定、企业采购数据费用纳入研发投入、数据资产纳入企业负债表等，探索数据资产融资方式等支持政策，吸引市场主体进场交易。

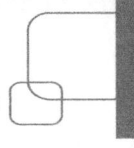

（五）数据资源创新

一是以公共数据资源的开发利用作为亮点，形成数据资源融合应用的典型示范，广泛吸引全国优质企业深度参与数据开发利用。二是与专业研究机构（如信通院、清华大学等）共同研究社会数据二次价值利用的场景开发，并将开发利用的项目全部引入交易平台。

（六）安全治理机制创新

一方面，交易所从制度上加快健全安全监管体系，制定数据交易安全评估、合规性审查等规范，开展数据要素交易安全评估和合规性审查。另一方面，在技术上采用隐私计算、联邦学习、区块链等手段，完善数据安全技术体系，构建数据流通使用全过程监管的安全技术平台，实现数据来源可溯、去向可查、行为留痕、责任可究，确保数据流通安全合法使用。

未来，贵数所将抓住"数据"这个"核心"，深挖"钻石矿"，抢滩数据价值化"新蓝海"，把数据要素市场化配置改革作为贵州数字经济发展创新区建设重点突破口，围绕打造国家数据生产要素流通核心枢纽，积极争取贵阳大数据交易所升级为国家级交易所，加快建立"产权制度完善、流通交易规范、数据供给有序、市场主体活跃、激励政策有效、安全治理有力"的数据要素市场体系。

贵阳大数据交易所全国首创 SEED 数据流通交易商业罗盘

关于如何培育数据要素市场，贵阳大数据交易所通过实践探索提出 SEED 数据流通交易商业罗盘模型：S（System of rules）指规则、标准、政策、法律；E（Exchange platform）指可信可控可靠可溯的数据交易所；E（Ecosystem）指数据产业生态，包括数据供给方、数据需求方、数据中介、监管方等全生命周期生态体系；D（Data）指提供的各类型数据交易标的，分为公共数据、企业数据、个人数据。

SEED 罗盘寓意着构建数据要素市场过程中，以数据交易所为核心，如种子般点燃数据要素市场的生命力。各地数据交易所构建地域性市场体系、规则、生态、数据标的互联互通后，中国的数据要素市场将成为多元化、自主创新、自主运行的开源数据交易闭环生态圈。

一、数据流通交易行业内难点、堵点

首先，国内数据交易流通产业发展过程中普遍存在的堵点主要为：①数据确权难；②数据定价难；③数据监管难。

其次，难点主要为：①数据交易流通标的内容和类型复杂多样；②数据交易流通供需方行业聚集效应凸显，优质数据源供给不足；③多元数据中介服务机构未有效参与数据交易流通产业。

（一）国内数据交易流通产业发展现状中存在的堵点

1. 数据确权难，对数据权属认识尚不统一，没有形成普遍认可的解决方案

合规交易的基础是清晰的产权归属，但数据所有权拥有者是产生数据的个人还是记录数据的企业，业界、学界和司法界莫衷一是，而以所有权为基础的使用权、处置权等难以界定。尚未形成明确的数据权属规定，权属界定不清，致使交易成本上升。

2. 数据定价难，数据估值定价缺乏规范依据，难以支撑数据要素参与收入分配

国内还没有任何机构和组织制定跨区域、跨行业的大数据交易标准，各大数据交易平台的交易规则存在差异。由于数据属于新型生产要素，针对数据品类、完整性、精确性、时效性、稀缺性等价格影响因子的研究尚不成熟，且可参照的历史公开交易规模较小，产品估值较难，未能形成统一的定价标准[1]。

3. 数据监管难，数据交易市场体系不规范、不健全，缺乏顶层设计

现阶段，我国在数据资源化、资产化等过程尚未完全完成，形成数据交易市场的要件尚不具备，数据交易市场体系也难以形成。一是数据作为资产或商品直接进行交易的理论基础不扎实。数据区别于传统要素的诸多特性使得数据的要素化难以直接参考传统要素对权属界定、会计计量、价值评估等基础问题确立统一原则。因此，数据要素的流通围绕数据确权、分类、定价、收益分配等内容制定市场规则时缺乏系统框架。二是数据交易流通的立法和监管体系不完善。虽然我国《数据安全法》《网络安全法》《个人信息保护法》等基本法律为数据流通划出了合规底线，但并未就具体的实践形式、市场准入、市场监管等实操细节给出清晰的法律界定，在缺失数据交易市场顶层设计、数据交易流通行为缺乏统一监管机制的情况下，各类主体参与数据流通时缺乏明确的合规依据。

（二）国内数据交易流通产业发展现状中存在的难点

1. 数据交易流通标的内容和类型复杂多样

数据本身具有形态多样、来源多样、可无限复制等复杂特性，不同模式下数据的流转方式和路径复杂多样。

按照数据处理的程度，可以将数据交易标的划分为源数据、衍生数据、融合数据和其他增值服务等。源数据指不经加工处理的原始数据；衍生数据指对原始数据进行清洗、整合等初加工形成的数据；融合数据指对原始数据或衍生数据进行分析挖掘后形成的数据；而其他增值服务指基于需求方特定需求提供的定制化数据分析报告或数据应用等。

---

1 《中国数据交易实践趋势报告》，2022年。

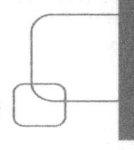

2. 数据交易流通供需方行业聚集效应凸显，优质数据源供给不足

数据交易流通的供需主体即为数据产生或数据控制者，包括三类角色，即个人、企业和政府。相较于个人数据主体，政府和企业掌握的数据资源相比分散的个人更具规模效应，而政府的特殊性质导致目前政府很少作为数据交易的直接卖方，大部分政府数据通过统一开放即无偿的形式进入数据流通环节，因此企业间的数据交易是现阶段数据流通的最具代表性的模式。

具体来看，供应端主要的数据供方企业集中于大型互联网企业、电信运营商和行业大数据公司。大型互联网平台集聚了海量的用户和流量，通过接口方式将数据向应用开发者开放；电信运营商累积了国内16亿移动用户的通信数据，成为身份核验、用户画像等场景的主要数据提供方；行业大数据公司则针对特定领域汇集行业数据提供市场动向类信息。但除以上行业外，大多数传统行业企业数据管理能力有限，高质量、可交易的数据资源积累不足，无法形成有效的数据资源供给。需求端主要的数据需方企业普遍集中于金融机构和中小型互联网平台和零售企业。金融机构应用大量同业和跨行业的用户数据来优化风险控制；中小型互联网应用开发者依托大型平台的数据资源开发多样化的数据服务；零售行业则依托包括用户画像、用户评价、竞品动向、市场变化等在内的外部数据来优化自身业务。但是，大多数传统行业和众多中小微企业尚处于数字化转型的起步阶段，对以数据赋能业务的意识不够且数据应用的能力薄弱，对于企业外部数据的需求不足。

3. 多元数据中介服务机构未有效参与数据交易流通产业

数据商即数据交易的市场主体，为市场提供交易产品或参与交易，分为数据提供方、数据使用方和第三方数据中介服务商。

第三方数据中介服务商不同于贵阳大数据交易所的角色，主要作为数据交易流通生态体系的服务商角色，解锁复杂性、专业性数据交易流通过程。例如，大数据安全研究中心可提供数据安全评估服务；律所可提供专业的法律知识、建立统一标准体系的服务；数据处理服务商可提供数据脱敏、数据清洗加工等服务。

但是，第三方服务中介服务商基本来源于非数据交易流通相关企业，一方面相关企业不知如何以第三方服务中介加入该产业,也不知自身具有相关实力可以赋能该产业;另一方面,没有相关机构引导辅助这些企业加入数据交易流通产业中。

二、创新实践 SEED 罗盘总结全新运营模式

SEED 罗盘的提出,主要针对以上堵点和难点,结合贵阳大数据交易所的实践探索,总结形成一批可复制、可推广、可借鉴的经验模型,带动全国大数据产业高质量发展,引导各市场主体围绕数据交易流通,探索数据要素市场化配置的有效路径。

(一) 规则 (System of rules, S)

目前数据要素市场暂无行之有效指导市场的立法、标准。网络信息、大数据相关的部分国家政策、地方性法规、行业规范类等的确可应用至数据交易领域,但针对数据要素市场的法律一直处于缺失状态,张敏从大数据安全出发,强调了我国大数据交易法律监管的必要性[1]。《2017 年中国大数据发展调查报告》[2]显示我国大数据行业对政策和资源的需求十分迫切,该报告显示企业对大数据发展关注度最高的是完善行业标准、健全法律法规。

2022 年 5 月,贵阳大数据交易所发布了全国首套数据交易规则体系,为解决数据流通交易过程中确权难、定价难、市场交易主体互信难、入场难、监管难等一系列痛点难点问题提供了借鉴,进一步规范了贵阳大数据交易所的运行机制。

除完成顶层设计,贵阳大数据交易所还严格推进体系落地,明确数据流通交易包括主体登记、标的登记、交易磋商、签订合同、交易结算、交易备案等流程,并按照"一主体一登记"的原则,为交易主体颁发数据商、数据中介等凭证;按照"一标的一登记"

---

[1] 张敏. 交易安全视域下我国大数据交易的法律监管. //《新时代大数据法治峰会——大数据、新增长点、新功能、新秩序》, 2017 年, 页码: 50-61.

[2] 中国信息通信研究院.《中国大数据发展调查报告(2017 年)》北京: 中国信息通信研究院, 2017 年.

的原则，为市场主体颁发数据要素、数据信托等登记凭证，引导行业渐入正轨。

不仅如此，贵阳大数据交易所还积极参与理论和标准研究，目前已发布十余部成果，其中，联合发布全国首部《气象数据估值系列白皮书》，参编国内首份《跨境数据流通合规与技术应用白皮书》，以及《数据要素流通标准化白皮书》《数据产品交易标准化白皮书（2022年）》，参与发布《数据要素安全可信流通技术标准》《资产管理数据资产管理指南》等。未来将不断完善数据流通交易规则体系，并通过市场的不断实践验证，推动数据要素市场化配置，充分激活数据要素潜能。

（二）平台（Exchange platform，E）

《关于规范大数据交易充分释放大数据价值的研究》将大数据交易平台的类型划分为三类：一是政府背景的交易所，代表目前我国大数据交易的主流模式；二是产业联盟性质的交易平台；三是专注于互联网综合数据交易和服务的平台[1]。美国的数据交易平台于2008年建立Factual致力于提供地理位置数据，创新了数据社区理念[2]。日本富士通公司于2013年建立的Data Plaza以提供数据交易中介服务，采取设定固定价格的方式收费。加拿大2008年成立的QuandI，利用网络爬虫等技术不断积累金融和经济数据集成发展而成[3]。

按照贵州省委省政府要求，在贵州省大数据局、贵州省地方金融监管局、贵阳市政府的支持下，贵数所于2022年3月完成优化提升工作，打造"一中心（贵州省数据流通交易服务中心）+一公司（贵阳大数据交易所有限责任公司）"崭新的组织架构，接受监督管理，坚持合规运营，有效防范风险，确保数据安全。截至2023年2月27日，累计入驻数据商487家（其中，省内数据商228家，占总体比例46.8%；省外数据商259家，占总体比例53.2%），上架产品802个，完成交易310笔，累计交易额6.02亿元。

---

1 郭明军．安小米，洪学海．《关于规范大数据交易充分释放大数据价值的研究》．电子政务，2018年，第01期。

2 中国信息通信研究院．《数据价值化与数据要素市场发展报告》，2021年。

3 Manahov, Zhang. Forecasting Financial Markets Using High-Frequency Trading Data: Examination with Strongly Typed Genetic Programming, International Journal of Electronic Commerce, 2019, 3(1).

此外，贵阳大数据交易所建设了贵州省数据流通交易平台支撑日常运营工作，包括"一个交易门户"+"三个技术支撑平台"流通交易基础设施，即交易门户、数据安全可信流通平台、数据归集平台和公共算力基础服务平台。平台运用云计算、区块链、联邦学习、多方安全计算等技术，安全可信的数据流通交易平台逐步完善，实现原始数据"可用不可见"、数据产品"可控可计量"、流通行为"可信可追溯"，面向全国提供交易、结算、交付等服务。

（三）生态（Ecosystem，E）

《布局与破局》中提到，目前各大交易机构建立的生态体系分为四大类：数据交易联盟、社区生态圈、运营生态圈、产业生态圈。2021年3月1日，北京国际大数据交易所成立全国首个国际数据交易联盟；国内首个可信数据要素流通体系的开源社区由深圳数据交易所（筹）发起；上海数据交易所运营生态圈主要包括数据交易指导委员会、数据交易专家委员会及"数商"协会；产业生态圈构建的典型案例为浦东金融数据港、温州"中国数字港"[1]。同时，贵阳大数据交易所创建了数据商联盟，为数据商搭建数据要素价值释放的交流平台。

为搭建一个健康的生态体系，数交所从行业培育和价值创造着手，以数交所为核心，打造数据流通交易全生命周期"三环"，数据交易供需双方为"内环"，数据中介第三方服务为"中环"、场景和需求为"外环"。同时，打造"数据淘宝+京东自营（行业专区）+拼多多补贴"的运营模式，建立安全合规的数据流通交易全业务流程，立足贵州，服务全国。

贵阳大数据交易所还将持续加快构建数据商生态和产业布局，推进数据商生态体系的建设，优化数据商版图，形成数据商基础业态。加快推动创新探索与交易实践"并跑"，推进数据交易市场发展。深化区域合作及交流，强化省际区域间数据交易领域的制度合作、主体合作、平台合作。一是累计培育20家数据中介，为市场主体提供数据交易价格评估、合规认证、安全评估、资产价值评估、人才培训等第三方专业服务，规范数据商的数据交易行为，维护数据交易市场秩序，保护数据交易各方合法权益。二是面向全

---

[1] 王建冬，等. 布局与破局.《中国数据交易实践趋势报告》。

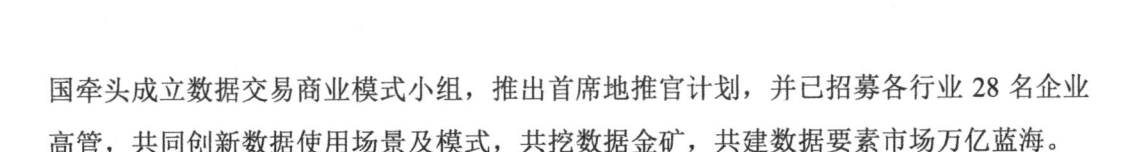

国牵头成立数据交易商业模式小组，推出首席地推官计划，并已招募各行业 28 名企业高管，共同创新数据使用场景及模式，共挖数据金矿，共建数据要素市场万亿蓝海。

（四）数据（Data，D）

截至目前，平台上架的产品已覆盖金融服务、工业农业、生态环境、交通运输、科技创新、教育文化等 21 个行业领域。

在全国率先探索建设"数据专区"模式，以"数据专区"为抓手，破解有效数据供给不足的难题。已建立"气象数据专区""电力数据专区""政府数据开放专区" 3 个数据专区，持续建立金融、交通、算力等数据专区。

2022 年 4 月 22 日，在贵州省气象局和贵州省大数据发展管理局指导下，经贵州新气象科技有限责任公司和贵阳大数据交易所共同努力，全国首个官方数据专区——"气象数据专区"正式上线运行。这是贵阳大数据交易所首次定制建立行业数据专区，为中国高价值气象数据有序流通交易按下了启动键。

2022 年 8 月 18 日，全国首个"电力数据专区"也正式上线，这是继"气象数据专区"成功上线后的又一行业优质数据资源供给。"电力数据专区"由贵阳大数据交易所和贵州电网公司共同建立。该专区产品体系包括标准化电力数据产品、场景化电力数据产品、电力数据体验样例、电力数据算力产品四大类共计 28 个产品及电力数据权威验证服务 1 个特色服务，将全力探索推进电力数据全面汇聚、共享互通、创新应用。

"政府数据开放专区"的建立旨在通过贵阳大数据交易所充分释放贵州省政府开放数据价值，构建政府数据开放生态，为企业和个人开展政府数据资源的社会化开发利用提供数据支撑，促进数据分析与研究工作的开展，探索数据要素市场培育，推动政府数据资源开发利用。

聚焦算力交易，借助国家"东数西算"工程，依托全国一体化算力网络国家（贵州）枢纽节点，同时以数据中心在贵阳贵安的集聚效应，通过技术创新和模式创新，推动算力产品及服务进场交易，助力培育、打造一批优质算力服务商、第三方算力服务机构和算力产品，从而推动算力向用户端延伸，健全算力产业链。

三、结束语

贵阳大数据交易所提出的 SEED 罗盘模型，为未来潜在研究方向提供了有效借鉴。未来行业探索还可在贵阳大数据交易所的理论基础上，深入研究数据交易权属、合规、定价相关的规则体系，推动相关标准、政策落实、市场收益的合理分配等。

同时，贵阳大数据交易所的实践经验，为构建数据要素市场贡献了新的理论研究方向，推动了数字经济发展。"数据交易规则体系、良性生态圈、可信可靠可控可溯的交易场所、高质量数据资源运营"，均可有效推动行业创新及竞争力，同时通过数据要素市场进行流通、清洗加工处理、分析汇集等，从而形成具有战略性的知识资产，实现数据价值，有效提升中国数据要素市场在世界的竞争力。

数据要素流通领域的贵州经验

一、数据：数字经济时代的新型生产要素

生产要素（Factors of Production）是为维系国民经济运行及市场主体生产经营过程中所必须具备的基本社会资源，其最主要的特征在于为经济发展系统提供基础和动力来源。在一般意义上，生产要素包括提供商品或服务所需的任何资源。在传统经济理论上，一般认为土地、劳动力和资本是三大生产要素。随着社会进步、理论发展，生产要素的外延不断扩展，逐渐出现了生产要素"四元论""五元论"，甚至"六元论"的衍生观点。2020年4月9日，《中共中央 国务院关于构建更加完善的要素市场化配置体制机制的意见》（下称《意见》）正式公布。《意见》分类提出了土地、劳动力、资本、技术、数据五个要素领域改革的方向，明确了完善要素市场化配置的具体举措。这是中央第一份关于要素市场化配置的文件，而数据作为一种新型生产要素也是首次正式出现在官方文件中。

全球云计算、大数据、人工智能等技术的规模化应用推动着数字经济的快速发展，当今社会已迈入数字化发展重要机遇期，数据规模正呈现爆发式增长、海量式集聚态势。数据要素是传统生产要素理论的重大突破，准确反映了当下经济社会发展所呈现出的特征与趋势，数据正成为催动各行各业快速发展变革的核心竞争所在。不管是政府行政、企业生产经营，还是民众日常生活都无时无刻不在与数据产生着紧密关联，数据成为了新的生产要素，加速数据要素流通，释放数字生产力成为推进各国数字经济、数字政府、数字社会发展的关键任务之一。数据不同于传统要素，其具有可复制、易演变、流动性强等特点，数据从基础资源到数据资产、数据产品，再到数据共享、数据开放、数据交易的转变过程，数据首先要实现要素化转变，只有数据要素化的安全高效流通才能充分挖掘数据价值，推进数据开放高效利用和应用。

二、政策引领，加快数据要素市场发展

2022是中国数据政策元年，集中出台了一系列数据行业相关政策，特别是，2022年12月，中共中央、国务院印发《关于构建数据基础制度更好发挥数据要素作用的意见》（以下简称"数据二十条"），以促进数据合规高效流通使用，赋能实体经济，为主线，从数据产权、流通交易、收益分配、安全治理4个方面，初步搭建我国数据基础制度体系的"四梁八柱"，提出20条政策举措。具体原则方面：

——遵循发展规律，创新制度安排。充分认识和把握数据产权、流通、交易、使用、分配、治理、安全等基本规律，探索有利于数据安全保护、有效利用、合规流通的产权制度和市场体系，完善数据要素市场体制机制，在实践中完善，在探索中发展，促进形成与数字生产力相适应的新型生产关系。

——坚持共享共用，释放价值红利。合理降低市场主体获取数据的门槛，增强数据要素共享性、普惠性，激励创新创业创造，强化反垄断和反不正当竞争，形成依法规范、共同参与、各取所需、共享红利的发展模式。

——强化优质供给，促进合规流通。顺应经济社会数字化转型发展趋势，推动数据要素供给调整优化，提高数据要素供给数量和质量。建立数据可信流通体系，增强数据的可用、可信、可流通、可追溯水平。实现数据流通全过程动态管理，在合规流通使用中激活数据价值。

——完善治理体系，保障安全发展。统筹发展和安全，贯彻总体国家安全观，强化数据安全保障体系建设，把安全贯穿数据供给、流通、使用全过程，划定监管底线和红线。加强数据分类分级管理，把该管的管住、该放的放开，积极有效防范和化解各种数据风险，形成政府监管与市场自律、法治与行业自治协同、国内与国际统筹的数据要素治理结构。

——深化开放合作，实现互利共赢。积极参与数据跨境流动国际规则制定，探索加入区域性国际数据跨境流动制度安排。推动数据跨境流动双边多边协商，推进建立互利互惠的规则等制度安排。鼓励探索数据跨境流动与合作的新途径新模式。

三、全国首个大数据综合试验区"贵州经验"

贵州是全国第一个提出大数据发展战略行动的省份，也是全国首个大数据综合试验区。习近平总书记殷切嘱托贵州奋力在实施数字经济战略上抢新机，新国发 2 号文件赋予贵州数字经济发展创新区的战略定位。

厚植"智慧树"，深挖"钻石矿"。大数据让贵州在新一轮国家经济改革浪潮中，通过重构后发地区发展方式，找到一个赶超跨越的绝佳出口。

数字经济增速连续 7 年排名全国第一，数字经济吸纳就业增速连续 2 年排名全国第一……如今，大数据的血脉早已深深融入并改变着黔中大地，大数据也成为世界认识贵州的一张烫金名片。

在贵州，数字经济与实体经济正加速深度融合，数字化转型为"贵州制造"增添动能，以数字经济为引领的现代产业体系日渐茁壮。

深入实施数字经济战略，激活数据要素潜能，贵州奋力建设融合发展的数字经济发展创新区，为产业转型升级和数字中国建设探索经验。

2020 年以来，我们围绕数据交易中"数据确权难""数据定价难"等问题，重点从数据资产会计核算的全链路出发，探索出包含"数据资产确权登记—数据资产成本—数据资产定价—数据资产披露"4 个环节的数据资产入表路径。

（一）创新多元化数据资产确权登记，明确数据资产的适用范围

数据资产确认是数据资产入表的关键前提。经过前期调研，贵州电网、贵州新气象

等多家数据商纷纷提出，困扰企业探索数据资产入表的难题之一就是如何确认数据资产。一是建立数据要素确权制度，推进政务数据、公共企事业单位数据、企业数据和个人数据授权运营，建立数据资源持有权、数据加工使用权、数据产品经营权等分置的产权运行机制。二是建立数据要素登记制度，出台《贵州省数据流通交易管理办法（试行）》，建设好、用好全国首个数据要素登记 OID 行业节点，探索数据产权登记新方式。通过颁发市场主体、数据要素登记凭证的方式，将数据交易业务纳入企业经营范围，重点解决"数据确权、授权难"。通过开展数据用益登记服务，颁发数据用益凭证，按照"谁贡献谁受益"的原则，形成数据要素由市场评价贡献、按贡献决定报酬的机制，重点解决"收益分配难"。截至 2023 年 2 月底，已颁发数据商凭证 146 个，数据中介凭证 21 个，数据要素登记凭证 220 个。

（二）创新划定数据资产成本边界，明确数据资产的会计核算范围

厘清数据资产的成本边界是数据资产入表实施路径的关键一环。2022 年 12 月 9 日，财政部公开发布了《企业数据资源相关会计处理暂行规定（征求意见稿）》（以下简称《暂行规定》），为现阶段明确数据资产入表范围指明了方向。一是结合实务，发布了《数据产品成本评估指引 1.0》，进一步将数据资产的成本核算范围分为数据产品生命周期和财务核算，按照数据产品生命周期划分为数据资源获取阶段成本、数据资产形成阶段成本、数据资产资本化阶段成本；按照财务核算划分为直接成本和间接成本，并列举了数据产品成本核算的会计科目示例参考。二是结合相关资产属性，在贵阳大数据交易所中遴选 50~100 家数据资源丰富、数据治理成熟、数据交易频繁的数据商企开展数据资产评估试点工作，形成《解锁气象数据价值新方程》《构建气象数据生态发展新引擎》系列白皮书，提出与数据资产发展阶段相呼应的动态成本框架，将企业内部使用的数据资源符合无形资产准则规定定义和确认条件的，按无形资产原则处理；将企业日常活动中持有、最终目的用于出售的数据资源符合存货准则规定定义和确认条件的，按存货原则处理。

（三）创新数据资产定价思路，明确数据资产的评估影响因素

在数据要素市场化配置中，数据定价机制的建立是完善数据市场生态体系的关键问

题。《暂行规定》指出，企业对确认为无形资产或存货的数据资源进行初始计量、后续计量、处置和报废等相关会计处理。一是制度规则上，发布了《数据产品价格评估指引1.0》，将数据产品价格形成思路分为标准化产品定价和定制化产品定价，标准化产品考虑成本摊销，逐次收回成本，定制化产品考虑一次性回收成本。二是在实际应用中，在国家发展和改革委员会价格监测中心的指导下，联合普华永道，参考成熟要素市场价格机制的基础上，从价格形成原理出发，结合数据要素自身特点，自主研发全国首个数据产品价格计算器，通过建立估价模型科学估计数据产品价值，明确数据成本、数据质量、隐私含量等因素对数据价格的影响，为数据产品合理定价提供基础，为数据交易买卖双方议价提供参考，为市场主体进行摊销和收入确认提供参考，促进数据要素高效配置、公平交易和自由流动。

（四）创新数据要素型企业认定，推进数据资产按要求披露

2022年12月，中共中央、国务院印发《关于构建数据基础制度更好发挥数据要素作用的意见》，要求加快发展数据要素市场，做大做强数据要素型企业。我们正在探索建立数据要素型企业认定和准入制度，制定数据要素型企业认定管理办法及认定管理工作指引，要求数据要素型企业按照相关企业会计准则及《暂行规定》，在会计报表附注中对数据资源相关会计信息进行披露，确立实施数据要素型企业的扶持政策标准和依据，制定相应税收优惠政策的资格标准等措施，扶持、鼓励数据要素产业发展，规范数据要素型企业管理。

四、贵阳大数据交易所建设落实数据要素流通工作

为落实《国务院关于支持贵州在新时代西部大开发上闯新路的意见》（国发〔2022〕2号），支持贵阳大数据交易所建设，促进数据流通交易，按照贵阳省委、省政府安排部署，在贵阳省大数据局牵头下，贵阳大数据交易所扎实推进数据要素市场化配置改革工作。

（一）牢基础：优化架构"一中心"+"一公司"加速发展

为打造面向全国服务的数据流通交易平台，依法依规面向全国提供高效便捷、安全合规的市场化流通交易服务。"贵州省数据流通交易服务中心"+"贵阳大数据交易所有限责任公司"全新组织架构应运而生。

根据分工，贵州省数据流通交易服务中心作为贵州省大数据发展管理局下属一类事业单位，具体负责数据流通交易、合规监管服务等工作，承担数据流通交易平台建设管理，开展数据商准入审核，数据要素登记等服务，委托贵阳大数据交易所有限责任公司进行平台运营，推动数据要素市场培育。

贵阳大数据交易所有限责任公司负责数据流通交易平台日常运营、市场推广和业务拓展等工作，开展交易撮合、第三方中介等服务，确保交易场所的合规稳定运行。依法依规接受相关部门的监督管理，坚持合规运营，有效防范风险，确保数据安全。

（二）谋发展：创新实践，制定规则+共建生态实现突破

数据日趋多元和丰富，如何有效解决数据流通交易过程中确权难、定价难、市场交易主体互信难、入场难、监管难等一系列痛点难点问题迫在眉睫。

2022年5月27日，贵阳大数据交易所率先发布全国首套数据交易规则体系，包括《数据要素流通交易规则（试行）》《数据交易合规性审查指南》《数据交易安全评估指南》《数据产品成本评估指引1.0》《数据产品价格评估指引1.0》《数据资产价格评估指引1.0》《贵州省数据流通交易平台运营管理办法》《数据商准入及行为管理准则》在内的8个系列文件依次亮相，引起业内外关注热议。

除完成顶层设计，贵阳大数据交易所还严格推进体系落地。明确数据流通交易包括主体登记、标的登记、交易磋商、签订合同、交易结算、交易备案等流程。并按照"一主体一登记"的原则，为交易主体颁发数据商、数据中介等凭证；按照"一标的一登记"的原则，为市场主体颁发数据要素、数据信托等登记凭证，引导行业渐入正轨。

制定规则只是第一步，整合资源、共建共享数据产业生态圈才是关键。为此，贵阳大数据交易所一方面积极打造数据流通交易规则体系，一方面培育数据商和数据中介机构。

目前已入驻 420 家数据商，引导多元主体加大有效数据供给，充分激活数据价值，培育发展数据商新业态。数据中介机构已入驻 17 家，通过培育专业的第三方数据服务中介机构，为各方市场参与主体提供法律咨询、数据集成、数据公证、质量评估、数据经纪、合规认证、安全审查、资产评估、争议仲裁、人才培训等专业配套服务。

不仅如此，贵阳大数据交易所还积极参与理论和标准研究，目前已发布十余部成果；其中，联合发布全国首部《气象数据估值系列白皮书》，参编国内首份《跨境数据流通合规与技术应用白皮书》，以及《数据要素流通标准化白皮书》《数据产品交易标准化白皮书（2022 年）》，参与发布《数据要素安全可信流通技术标准》《资产管理 数据资产管理指南》等。未来将不断完善数据流通交易规则体系，并通过市场的不断实践验证，推动数据要素市场化配置，充分激活数据要素潜能。

（三）闯新路：敢想敢干 拓宽市场+深耕行业硕果累累

截至 2022 年 12 月 31 日，贵阳大数据交易所已完成交易额 36104.17 万元，数据产品已覆盖金融服务、工业农业、生态环境、交通运输、科技创新、教育文化等 21 个行业领域。

在全国率先探索建设"数据专区"模式，以"数据专区"为抓手，破解有效数据供给不足的难题。已建立"气象数据专区""电力数据专区""政府数据开放专区"3 个数据专区，持续建立金融、交通、算力等数据专区。

2022 年 4 月 22 日，在贵州省气象局和贵州省大数据发展管理局指导下，经贵州新气象科技有限责任公司与贵阳大数据交易所共同努力，全国首个官方数据专区——"气象数据专区"正式上线运行。这是贵阳大数据交易所首次定制建立行业数据专区，为中国高价值气象数据有序流通交易按下了启动键。

2022 年 8 月 18 日，全国首个"电力数据专区"也正式上线，这是继"气象数据专区"成功上线后的又一行业优质数据资源供给。"电力数据专区"由贵阳大数据交易所和贵州电网公司共同建立。该专区产品体系包括标准化电力数据产品、场景化电力数据产品、电力数据体验样例、电力数据算力产品四大类共计 28 个产品及电力数据权威验证服务 1 个特色服务，将全力探索推进电力数据全面汇聚、共享互通、创新应用。

"政府数据开放专区"的建立旨在通过贵阳大数据交易所充分释放贵州省政府开放数据价值，构建政府数据开放生态，为企业和个人开展政府数据资源的社会化开发利用提供数据支撑，促进数据分析与研究工作的开展，探索数据要素市场培育，推动政府数据资源开发利用。

聚焦算力交易，借助国家"东数西算"工程，依托全国一体化算力网络国家（贵州）枢纽节点，同时以数据中心在贵阳贵安的集聚效应，通过技术创新和模式创新，推动算力产品及服务进场交易，助力培育、打造一批优质算力服务商、第三方算力服务机构和算力产品，从而推动算力向用户端延伸，健全算力产业链。

在交易平台技术创新方面，运用云计算、区块链、联邦学习、多方安全计算等技术，安全可信的数据流通交易平台逐步完善，实现原始数据"可用不可见"、数据产品"可控可计量"、流通行为"可信可追溯"，面向全国提供交易、结算、交付等服务。

在行业场景应用的创新实践中，贵阳大数据交易所也有不俗表现。以顺丰科技的物流大数据为驱动要素，赋能征信业务，是全国首个通过数据交易所，结合数据经纪、数据合规服务为基础路径，最终实现服务金融场景的数据流通合作案例，有效激活数据经纪活跃市场的能力；助力贵阳农商行完成全省首笔银行机构数据交易业务落地，通过物联网大数据技术赋能金融服务，最终为畜牧业引入金融"活水"；南方电网通过电力调度气象数据服务产品，提升电网运行的安全性和稳定性。

（四）新未来：集"百家之长"打造全新运营模式

贵阳大数据交易所将继续从数据要素市场培育和数据价值释放着手，围绕交易供需双方、数据中介生态、应用场景和数据需求"内、中、外"生态环，打造"数据淘宝+京东自营（行业专区）+拼多多补贴"的运营模式，建立安全合规的数据流通交易全业务流程，立足贵州，服务全国，在进一步激活内生动力、提升造血功能的同时，力争将贵阳大数据交易所打造成"手中有货、市场有需、交易有量"的国家级数据交易所。

通过长期的实践探索贵阳大数据交易所提出 SEED 数据流通交易商业罗盘模型 SEED 罗盘寓意着构建数据要素市场过程中，以数据交易所为核心，如种子般点燃数据要素市场的生命力。各地数据交易所构建地域性市场体系、规则、生态、数据标的互联互通后,中国的数据要素市场将成为多元化、自主创新、自主运行的开源数据交易闭环生态圈。

为扩大行业影响力,贵阳大数据交易所创建了数据商联盟,为数据商搭建数据要素价值释放的交流平台;借助中国国际大数据产业博览会这个国际级的大数据专业交流平台,举办"数据流通交易与市场培育论坛""数据场景应用创新大赛"等活动,聚集资源,树立品牌,扩大影响,凝聚共识,巩固地位。目前,中国国际大数据产业博览会与贵阳大数据交易所已形成"一会一所"强强联合,"一会"引流,"一所"转化,相互赋能,相得益彰的数据价值化"贵州模式"。

贵阳大数据交易所还将持续加快构建数据商生态和产业布局,推进数据商生态体系的建设,优化数据商版图,形成数据商基础业态。加快推动创新探索与交易实践"并跑",推进数据交易市场发展。深化区域合作及交流,强化省际、区域间数据交易领域的制度合作、主体合作、平台合作。

五、关注行业动态,研究最新政策

2022年12月,财政部公开发布了《企业数据资源相关会计处理暂行规定(征求意见稿)》(以下简称《征求意见稿》),经过与一批数据资源丰富、数据治理成熟、数据交易频繁的数据商企业开展数据资产入表调研,过程中感受到大家对于数据资产入表的关注与热情,并针对从不同行业、不同数据资产类别去深入理解入表的实务难点、尚存疑点、可行路径,为政府的决策提供第一线的案例参考。

并未有任何法律法规、国家标准或者行业共识对"数据资源"进行定义或界定。考虑数据形式多样,难以单纯以技术逻辑(如模型、算法、离线数据包的分类)进行归类,可参照会计准则概念框架对经济资源的定义,将数据资源定义为"数据资源是指由企业合法控制或拥有、对企业有潜在价值或实际价值、可供企业开发和利用的数据",将数据资源落脚在满足一定条件的"数据"。围绕数据收集、加工、使用、流通等全生命周期,还可根据数据利用的不同阶段对数据资源进行进一步划分。一是数据要素,原始数据经过一定的清洗、治理和有序化处理后,能为企业带来实际效益(如收益增加、效率提高、风控加强、客户体验提升等),即形成了生产要素中的数据要素,完成了原始数据到生产领域的过渡,因此,数据要素可界定为"通过参与企业生产经营管理活动或创新企业商业模式,为企业带来实际效益的数据资源"。二是数据产品,数据要素在经过企业实质性加工和创造性劳动后(如融入知识和算法),形成有确定的应用场景、目标客户群体的可辨认数据产品,即完成了从数据要素到数据产品的转化,因此,数据产品可界定为"经过企业实质性加工或创造性劳动后,形成可辨认数据产品并预期会给企业带来经济利益的数据资源"。三是数据资产,企业通过对外提供数据产品,并有明确的交易金额、交易量等交易数据,完成了数据产品从生产领域向消费流通领域的转移,且具备价值评估基础,因此,数据资产可界定为"以提供数据产品为方式、通过外部市场交易为企业带来经济利益且可进行价值评估的数据资源"。我们认为,上述提及的原始数据、数据要素、数据产品、数据资产均属于数据资源范畴。

数据是一种复杂社会存在,其形态和功能呈现多样性。数据作为新型生产要素,将打破既有法律体系对信息和知识的认知和保护理念,因此如何认知要素化的数据仍然需要从法学、经济学、数据科学等多维度进行深入探讨和研究。

办好一个会 激活一座城

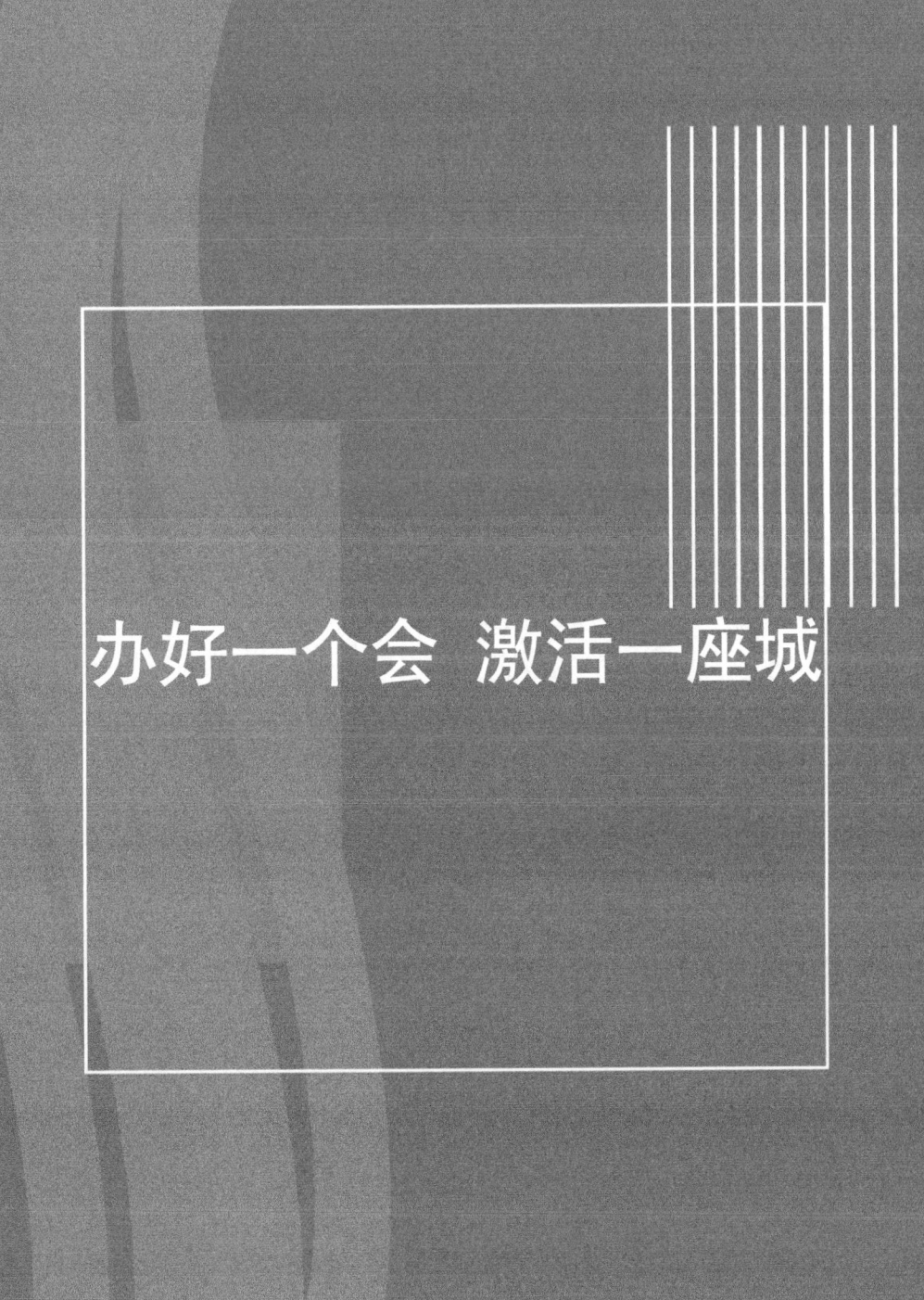

标准化科学办会，助力数博会圆满召开

刘清娴

在世界贸易全球化的今天,"标准"已经成为一种新的世界语言,成为新的贸易壁垒,成为各个国家及地区软实力、核心竞争力的重要组成部分。随着中国会展业国际化进程加快、展会品牌意识觉醒,各地展会主办单位和场馆运营机构希望通过建立标准化体系来提升管理水平和服务质量,拔高展会品牌价值和强化国际影响力。中国国际大数据产业博览会(简称"数博会")也不例外,在竞争日益激烈的大数据专业领域展会中,探索如何提升数博会的核心竞争力,如何科学高效办会成为一个新课题。经过多年的摸索与实践,数博会建立了一套符合自身情况的标准化办会体系。

一、数博会简介

根据数博会官网介绍,数博会是全球首个以大数据为主题的博览会,于每年 5 月在贵阳举办。主办单位由国家发展和改革委员会、工业和信息化部、国家互联网信息办公室和贵州省人民政府组成。自 2015 年创办至今,数博会始终坚持"全球视野、国家高度、产业视角、企业立场"的办会理念,为行业交流与合作提供了世界级的展示分享平台,为全球大数据发展提供了中国方案,为探索数字经济时代国际合作新机制提供了新方向。

历年数博会的成功举办,让数博会在国际、国内引起广泛关注,其展览规模、嘉宾量级、成果发布等纪录不断刷新,可以说,现在的数博会已成长为全球大数据发展的风向标和权威的世界级平台。

自新冠疫情暴发以来,会展业深受打击,2020 年数博会创新举办模式,以"永不落幕的数博会"在线上发声,2021 年经过多方努力,数博会线下展会如期举办,除开闭幕式及会见活动等常规活动外,围绕"一会、一展、一发布、大赛及系列活动"共举办各类活动 98 场。线下展览面积达 40000 平方米,参展企业 549 家(线下参展企业 225 家,线上参展企业 324 家),展出 800 余项最新产品、新技术和解决方案。参展参会嘉宾来自 23 个国家和地区,观众人数近 10 万人。

二、数博会标准化办会体系

中国国际大数据产业博览会执行委员会（简称"数博会执委会"）为打造"高端化、专业化、国际化、市场化"的博览会，实现"一届更比一届好"的展会目标，保障数博会各项组织筹备工作顺利圆满，确保各项服务工作有章可循，充分运用数博会过往成功的办会经验，为数博会量身定制了一套标准化办会体系，将具有实用性、先进性的办会实践成果转化为"标准"。

（一）标准化办会流程

这些年，数博会始终围绕着"一会、一展、一发布、大赛及系列活动"五大活动板块展开。为保证各活动板块及工作组顺利开展工作，数博会执委会下设10个工作组，分别是综合协调组、资金组、嘉宾邀请组、会务组、展览组、论坛组、大赛组、系列活动组、传播组、数博发布组，对应管理各板块的工作流程和工作内容。

根据数博会执委会发布的《中国国际大数据产业博览会执委会总纲》，文中分别针对综合协调组、嘉宾邀请组、展览组、论坛组、会务组、大赛组、数博发布组、系列活动组，8个重要板块制定了标准化执行细则，共14大类132个标准细则。

（1）综合协调组工作主要包含申报工作标准、对内管理标准、对外交流标准、文案处理标准4大类标准共计11个标准细则。

（2）嘉宾邀请组工作主要包含嘉宾名单确认标准、嘉宾分级分类标准、嘉宾背景调查标准、嘉宾来源确认标准、嘉宾信息录入标准、嘉宾信息补录标准、核心和重要嘉宾邀请标准、邀请函发放标准、嘉宾注册标准、嘉宾接待标准、嘉宾服务信息规范、人员培训标准及岗位规范、服务商规范、翻译量分配标准等14大类共计47个标准细则。

（3）展览组工作主要包含展览策划标准、招展工作标准、展览执行保障标准、展览执行标准、展览总结标准 5 大类共计 13 个标准细则。

（4）论坛组工作主要包含论坛征集标准、活动方案编制标准、论坛执行保障标准、论坛执行标准、论坛评价标准 5 大类共计 25 个标准细则。

（5）会务组工作主要包含大会服务标准、开幕式筹备标准、开幕式执行标准 3 大类共计 9 个标准细则。

（6）大赛组工作主要包含大赛策划标准、大赛征集标准、大赛执行保障标准、大赛执行标准、大赛成果展示标准 5 大类共计 12 个标准细则。

（7）数博发布组工作主要包含成果发布标准、成果征集标准、信息录入标准、相关方服务标准 4 大类标准。

（8）系列活动组工作主要包含系列活动征集规范、各类方案编制标准、系列活动执行保障标准、系列活动执行标准 4 大类共计 15 个标准细则。

（二）智能化会务系统

为提升数博会工作人员的办事效率、精简办事流程、优化参展参会的嘉宾体验，数博会倾力打造了智能会务综合管理运行平台。这个平台是数博会执委会官方使用的会务系统，集嘉宾管理、峰会管理、论坛管理、场馆管理、接待管理、票务管理等功能为一体的线上平台系统，为数博会工作人员提供便捷、高效的信息化辅助。

在该系统功能的基础上，2021 年数博会改造并新增了数博会云网平台板块业务，涵盖了线上展览及论坛、嘉宾展示、商务洽谈等功能，具体有官网、App、小程序、展商管理系统、用户管理系统、后台管理系统、视频管理系统。基本形成了线下布展、线上参展的融合形式，以及数据整合、质量控制、数据服务的线上数博高效平台。其中，会展板块实行了"云会议""云展览"的方式，通过官网、App、小程序应用端展现，创建数博会线下线上融合空间，建立"线下+线上无限可能"的会展新模式。

数博会的智能会务综合管理运行平台与云网平台贯通，实现了线上线下事务处理、信息共享、统计分析等功能，各板块功能也得到了补充与延续。

（三）专业化办会人员

数博会执委会下设的工作组组建由贵阳市人民政府牵头，将各板块所涉及的相关单位纳入工作小组，再由该单位组织抽调骨干成员，形成工作小组专班，在数博会筹办期间实行集中办公，确保数博会筹备工作高效运转。

数博会筹办的核心工作人员是由贵阳市人民政府在贵阳贵安范围内各单位抽调骨干成员，建立核心工作人员数据库，以"老带新"的工作机制，不断更新充实工作人员数据库。同时，邀请4个主办单位及相关单位、部门的专业人士，在嘉宾邀请、展览、论坛、大赛、成果发布等活动板块给予全方位的筹办支撑。此外，各板块还有来自中国网络安全和信息化领导小组办公室、中国科学院科技战略咨询研究院、中国国际贸易促进委员会和北京市分会中国互联网协会的专业人才协助配合。

每年的数博会抽调人员需遵循以下原则：一是抽调从事大数据行业工作或熟悉大数据行业的专业工作人员；二是优先抽调往届数博会经验丰富、能力出色、责任心强的工作人员；三是因事抽人，严格控制集中办公人员数量。

三、未来建设的思考

国务院在 2015 年就发布了《关于进一步促进展览业改革发展的若干意见》（国发〔2015〕15 号）文件，其中明确指出"完善展览业标准体系"；2021 年 10 月，印发的《国家标准化发展纲要》中表明，要把优化标准化治理结构，增强标准化治理效能，以高标准促进高质量发展作为标准化工作着力点。这些文件中都对"标准化"做了重要论述和相关法律法规阐述，为推进会展业标准化工作提供了遵循和依据。

面对新形势、新任务，标准化办会工作越发重要。数博会标准化办会体系未来可以从以下几个方面提升：一是加强顶层设计，扎实做好基础和重点标准研制，进一步完善工作机制；二是加强标准化实施情况的跟踪分析，在实际办会过程中，各工作组及时向数博会执委会报告标准实施情况，对不符合实际执行情况及发展要求的办会标准及时提

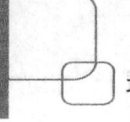

出调整、修订等建议;三是加大对标准执行过程进行监督,加强对不达标工作组及工作人员提出整改要求,加强监管力度;四是有计划地邀请会展行业协会、专家学者等专业人士对数博会标准化体系开展进行针对性的解读,扩大知情面和影响力,积极动员各工作组组织开展标准宣传工作,加强对工作组人员的宣传、培训,提高工作组人员的素质,做好实施标准化体系的贯彻落实。

智能会务系统 保障数博会顺利召开

程颖

城市大数据：未来之机

中国国际大数据产业博览会（简称"数博会"），2022年数博会在疫情防控形势复杂严峻情况下，首次全面创新线上办会模式，突出"简约节约、实效高效"的办会原则，紧扣"抢数字新机　享数字价值"年度主题，举办了1场开幕式、8场数谷论坛、8场数博发布的活动。

2022年数博会期间发布了大量的科技领先成果，其中包括"智能文本处理超融平台"等26项新技术、"互联网+专科建设平台"等24项新产品、"融合多源数据的文旅行业大数据平台"等5项商业模式，共55项成果和7项理论成果，共有知名嘉宾161人在线全程参会，160余家企业使用线上模式参展，各自展出最新研制的新产品、新技术和解决方案1112项。截至2022年5月27日12时，在线上观看开幕式者达2762.26万人次，数谷论坛和数博发布的在线观看者多达2418.24万人次。网络点击量（曝光量）45.76亿人次，其中海外曝光量10.58亿人次。

2022年数博会实现了成功、圆满、精彩、安全办会的目标，并且再次凸显了贵阳数博会的国际性盛会实质、世界级平台的重要展会地位，展示了搭建数字经济发展创新区的贵州产业形象，以数字经济发展作为最强中国声音向世界发起呐喊。

一、运维

互联网公司中以Linux系统运维最为常见，工作人员的主要工作是安装计算机系统、部署会场服务、及时响应出现的故障、保障信息化系统的正常运行、为各家公司开发人员及其他部门提供支持，这些都是运维工作人员的工作，但这并不能通俗地概括运维工程师的所有工作，其他应急的前后台服务也都由一家公司的运维工作人员来完成。2022年数博会依靠信息化系统在线上举办，离不开数博会背后运维工作的成功开展。

运维是运行和维护的简称，对业务系统的运维就是保证业务系统能够正常、稳定地运行。运维的宗旨就是保护数据的安全及完整、7×24小时网络良好、业务系统能够正常、稳定地运行。

运维最基础的工作就是故障巡检、业务系统的部署、业务系统的参数配置、数据备份、版本更新、服务器运行监控等。

为保障2022年数博会成功、圆满举办，运维工程师们在系统的背后进行着繁杂的工作，承担着重大的责任。

二、版本管理

版本管理是指为了满足业务的需求，所有开发人员对同一系统进行局部改进或新增功能，并对所产生的变更情况进行全过程跟踪。

版本管理的主要工作有版本更新、版本回退、文件对比、配置文件更新、系统备份。

（1）版本更新。每当数博会业务系统有新的需求变更或漏洞需要修复时，都要通过运维工程师的协助进行业务系统的版本更新。

（2）版本回退。版本回退往往是因为新上线的业务系统中存在导致用户无法使用或系统无法正常运行的情况。这种情况的发生偶有，但却是不可避免的，所以在业务系统进行版本更新前，一定要做好数据和业务系统的备份，做好版本回退的准备，以保证业务系统至少能够正常运行及使用。

（3）文件对比。版本更新由开发工程师提供需要替换的代码文件，这些文件往往需要经过对比，以保证负责更新的运维工程师知道此次更新的内容。

（4）配置文件更新。版本的更新往往都需要配合配置文件的更新，配置文件也会由开发工程师提供给运维工程师，运维工程师只需根据提供的配置文件进行脚本的更新及文件的配置即可。

（5）系统备份。系统备份是指将数博会系统数据库中的所有数据从主计算机系统的存储设备中复制到从计算机系统的过程，是运维工程师的工作。完善的系统备份可以有效防止操作失误、系统故障等人为因素或机房断电等其他不可抗力导致的数据丢失，是保障系统数据不丢失的必由之路。

数据备份解决的是数据的可用性问题，2022数博会采用的是完全备份方式。

代码备份是每次版本更新迭代需要进行的工作，做好代码备份，当意外情况发生，造成系统不可用时，可使用旧版本代码使系统恢复。

资源备份是指运维工程师每隔一段固定的时间，或在特殊时间点，或在系统更新时需要提前进行的工作，资源主要就是文件、图片等内容。做好资源的备份，是为防止断电或其他情况造成资源丢失。

三、服务器管理

业务系统的服务器管理主要包含两部分：服务器资源检查、服务器的启停。

1. 服务器资源检查

服务器资源检查主要包括以下内容：

（1）CPU：检查服务器的CPU情况、检查CPU使用率，确保CPU能够支撑2022年数博会系统的正常运行。

（2）内存：检查服务器的内存使用量，确保服务器内存够用。

（3）硬盘：检查服务器的硬盘容量，确保资源文件能够正常存储。

（4）防火墙（firewall）：数博会系统采用软硬件结合的安全管理设备，它可以使计算机网络内网与外网之间构建一道隔绝的屏障，在2022年数博会对外提供服务的时候，必须确保服务器的防火墙处于开启状态，以加强网络安全防护能力，降低外来攻击将系统击溃的风险。

2. 服务器的启停

服务器的启停是指业务系统服务器的启动与停止。服务器的启动与停止可能与业务是否需要重启有关,也有可能是断电造成了服务器关机,来电后需要对服务器进行重启操作,这是运维工程师必须掌握的技能。

四、资源管理(资源增减、负载、数据库)

资源管理主要是指服务器资源与网络带宽的管理。

(1) 服务器资源调配。多次调配测试、压力测试等多种手段将资源合理化利用并达到最优值,让系统安全平稳运行。资源调配涉及多个实例,如网络负载机器、静态资源负载机器、应用服务器负载、数据库负载等多个方面的调控。

(2) 网络带宽。网络带宽是指在固定时间段内从一端输送到另一端的数据量的比率,即数据传输率,拥有更大的带宽,对于信息系统而言有着更大的信息传送能力。在申请带宽的同时也需要考虑系统的预估带宽,不应为了简单而申请过大的带宽,这会造成浪费。

五、压力测试

为了保证2022年数博会安全、正常开展,针对系统中可能存在高频访问的资源、接口、页面等系统相关内容进行了为期两周的压力测试,在测试的同时寻找资源瓶颈,优化系统提升系统响应数,提升并发数量。

在此过程中不断寻找新的方式方法争取将系统性能提升到最大范围,在系统资源开销最大的静态资源方面尝试了多种解决方案，一次次系统资源开销、网络带宽等导致系统瓶颈，于是工程师另辟蹊径将资源分流外部资源全由 CDN 提供，CDN 每半小时进行一次缓存刷新，在此方案下静态资源的读取使整个网络架构的网络带宽及服务器的资源开销都降到一个尽可能低的情况。

一次真实的测试报告：

场景说明：数博会视频+首页 5000。

压测模式：并发模式。

压力来源：国内公网。

递增模式：手动模式。

执行时间 2022 年 5 月 21 日，测试结果：并发上限 10000 人，峰值 8436 人；RPS（每秒请求数）上限 80000 个，峰值 51064 个；IP 数配置 20 个，当前 20 个；流量峰值 3.4GB，均值 2.93GB；TPS（每秒事务处理量）峰值 51389 件；异常数请求 49 万个/0 业务；请求总数 3565287 个。

六、漏洞扫描

"漏洞"原意是指工作中的疏漏及缺失，在当今社会背景下，漏洞的存在使得各种威胁蜂拥而至，可能会给数博会系统带来不可预估的威胁。对外提供服务的数博会系统的运维工作人员必须时刻保持高度重视，识别这些蠕虫病毒或木马病毒并及时清除它们。

2022 年数博会使用网御漏洞扫描系统进行多次漏洞扫描，该系统采用 Web 方式（HTTPS：HTTP+SSL）进行管理和控制，在多名运维工程师的合作下运用了数种国内最新的漏洞扫描技术，能够更快速地全面扫描漏洞、对系统存在的安全风险进行定级定性、给出最新的完整的修复建议，从而全面保障系统的安全、可靠。

七、监控服务

  Zabbix 是 2022 年数博会采用的监控工具，它是基于 Web 界面呈现的分布式系统监控，它能实时监视网络参数，保证对外提供服务的系统安全运营。Zabbix 可以用于监视 CPU 负荷、内存使用、磁盘使用、网络状况、端口监视、日志监视、数据采集、数据可视化等。

八、数据需求

  一个系统从试运行开始肯定会有或多或少的数据处理需求，数据库的增删查改都被认为是一条数据处理需求，为了保证系统稳定运行，开发工程师不能直接对试运行或正式上线的系统进行直接操作，开发工程师需要提出一条数据处理需求给运维工程师，由运维工程师配合完成。

九、策略开通

  数博会是全国广泛关注的信息盛会，必定会有很多访问者，其中不能排除有黑客的存在，不论出于什么目的，都应尽可能避免系统出现被入侵的可能。考虑黑客常用手段之一，尝试连接数据库的高危端口入侵系统，数博会系统任何可访问互联网的端口，都必须通过运维小组的授权及审批，才能开放对外端口，不能为了一时方便就随意开放端口，策略开通工作必须守住的原则就是不允许对外开放高危端口。

十、数据库主从配置

由于 2022 年数博会的接口调用出现大量接口并发的情况，我们实现了分布式负载均衡，针对数博会系统的数据业务层、数据访问层进行了修改，如果依赖传统的数据结构模型，数博会巨大的数据库连接操作，必然会导致数据库崩溃，数据库一旦崩溃，那么整个系统都会瘫痪。在这种危急时刻，需考虑减少数据库的连接，一方面开发工程师应该采用更优秀的代码框架，从代码层面进行优化，另一方面还必须采用更优秀、更先进、更可靠的数据缓存技术来减少数据库的压力。

2022 年数博会系统利用 MySQL 主从配置，实现读写分离。MySQL 的主从配置就是一台服务器 A 做"主数据库"，另一台服务器 B 做"从数据库"，在 A 上写数据的同时另外一台 B 也在写数据，实现数据同步，做好灾备，从数据库可随时切换，代替 A 的工作，实现读写分离，提供查询服务、数据备份，避免影响对外提供服务的业务。

十一、灾备

灾备是一种计算机术语，其完整的定义是"灾难备援"，即利用科学的技术手段提前建立系统化的数据应急模式应对灾难的发生，主要包括数据备份和系统备份。

在 2022 年数博会上线之前，系统每天都会进行一次数据备份，保证数据、资源文件的可用性及完整性。正式上线前申请好与正式环境配置相同的备用网络环境，可临时将域名映射到备用网络环境中，以防数博会系统无法访问。

数博会系统上线前做过多次应急演练，进行了备用环境切换测试、数据恢复，尽可能保证线上数博会能够正常开展。

十二、2022年数博会成功再续

2022年数博会的成功举办离不开背后运维团队的付出，切实做好网络和信息系统运维服务保障工作，积极处置各类问题，有效保障了数博会系统的网络和应用系统安全、可靠、高效运转。下一步，运维团队将加强运维保障工作的梳理和总结，强化运维体系管理，不断提升运维工作水平和质量。

打造数博新IP，电子竞技激活数博潜能

杨凯成

电子竞技已经不再是单纯的体育竞技，而是朝着商业化的方向发展。一个城市要发展电子竞技产业，原因在于电竞产业的自身文化属性和产业延展性，电子竞技恰好是处在产业链中游位置的一个环节。贵州发展电子竞技产业能丰富当地产业种类，更能扩大影响力，获得外界对贵州具有举办年轻、时尚文化活动的实力的认可。电子竞技的产物也就是下游产业，包括电视媒体、电竞自媒体、直播平台、赛事内容制作、衍生内容制作、数据服务、电竞地产等都自带宣传属性，所以抛开当地经济因素，贵州发展电子竞技是大势所趋。

数博会作为贵州最具代表性的展会，是贵州大数据的名片，同样具备以上属性，数博会是大数据的行业缩影、是大数据的成果展示，也是由一个行业凝聚而得的IP，可与电竞形成电竞+。

（1）电竞+数据。赛事的接受程度不断提高，选手、俱乐部甚至行业都形成了品牌效应，众多俱乐部自制内容等形式形成自身品牌形象，将流量资源转化为品牌营销资源。通过特许经营这样的合作形式，品牌结合自身产品特点和电竞内容，打造创新的产品，为品牌在年轻人群中带来巨大的好感认知。数博会与电竞不谋而合，数博会在行业内人尽皆知，但对行业外的人却显得专业性强、渗透力不足、传播效率低、接受度不高，电竞则恰恰相反，群体年轻、接受群体范围广泛、渗透力强、品牌活跃，数博会与电竞的结合互相弥补了不足；近年来，电子竞技越来越追求专业化、对外成果展示、数据支撑，数博会在电子竞技新板块能够做到的是推进电竞专业化、数据化、科学化。

（2）电竞+科技。数博会的展示也是电子竞技行业的需求清单，在直播转播领域，5G使赛事转播具有高帧率、低延迟、大容量；在赛事转播中，新产品、新模式推动VR和云游戏电竞，极大地提升了观赛体验。

（3）电竞+生态赞助。搭建最完善的赛事+生态赞助体系，铺设包括但不限于顶级职业赛事、线下大众赛事、俱乐部、直播平台的赞助渠道，帮助品牌连接目标受众群体，沿着电竞用户体验路径多场景触达，全方位满足合作伙伴的电竞营销需求。

（4）电竞+直播经济。针对目前粉丝经济在国内消费市场中爆发的惊人效益，借助电竞赛事和电竞明星的影响力，打通赛事IP、流量和转化链路，以粉丝效应带动销售和品牌的双赢局面，助力品牌实现品销合一的新形态。

（5）电竞+衍生内容 IP。数博会更像一个采石场，通过数博会可以更好地挖掘电竞的 IP，电竞与娱乐产业的受众群体高度重合，也正是基于这个受众特性，"电竞+娱乐"的衍生产业蓬勃发展。而电竞的 IP 化开发不仅对发展 IP 文化有着重要的导向作用，优质的 IP 文化反过来也会吸引更多用户参与电竞活动，这其中蕴含了巨大的内容、商业潜力，等待人们去挖掘。

（6）电竞+场景激活。未来，数博会将更深入地开放更多合作模式，为合作伙伴提供最纯正的电竞内容。同时深挖电竞人群喜爱偏好，制造年轻人喜欢的内容与产品，提升合作伙伴在电竞人群中的品牌情感共鸣，打造电竞符号与观赛、娱乐、社交、消费四大场景融合的营销平台，助力合作伙伴全方位获益。

（7）电竞+城市名片。城镇发展与电竞文化是相辅相成的产业模式，目前越来越多的城市都在打造属于自己城市的电竞风格，数博会将以俱乐部主场化、城市区域联赛等模式，助力城市打造年轻化电竞标签与数字文化城市名片，打造城市电竞经济新引擎。

（8）电竞+教育。电竞行业目前暴露出来的问题是当许多选手的电竞道路因为各种原因走到尽头后，没有机会再回到学校学习。电子竞技运动可以参考体育高校的管理模式，即由体育高校向有关部门申请一批训练专用账号，这些账号的所有权和管理职责属于体育高校，体育高校肩负对这些账号的管理责任，同时这些账号可以根据管理办法提供给在校的学生（选手）使用，以确保真正要走上电子竞技项目道路的青少年可以获得训练及比赛的机会。

中国电子竞技高速发展，缺乏正规的电竞专业人才培养机构，使得行业人才紧缺，大量行业人员没有受过专业培训，没有职业证书和相应学历，一定程度阻碍了电竞行业的发展。例如，教练，大多是选手退役后转为教练，没有接受过专业的教练职业考试和专业训练，俱乐部招聘教练通过名气或游戏水平进行选择，但教练在游戏外是业余的，对选手的心理、沟通、健康等问题没办法及时察觉，反而增加了俱乐部成本。2017 年，高等院校的"电子竞技运动与管理"专业面向社会招生后，电竞人才培养才真正步入正轨。

数博会助力电竞生态打造。中国电竞赛事的整体规模已经开始显现，2017 年中国中大型电竞赛事超过了 120 项，较 2016 年增加了 30%，这个增速相当惊人。我们认为，在推动大型赛事数量的增长上，中国电竞已经爆发出了巨大的潜力，让越来越多的人愿意去投资。分工也开始细化，以前电竞赛事的举办主要是游戏厂商，但是目前越来越多的生态机构甚至政府也开始主办电竞赛事。从赛事主办方的数量来看，2018年的主办方超过50家，相比2013年翻了四番。做一个具有商业价值的对比，互联网的价值是观看人次，关注的人越多就证明它的吸引效益越强。目前来看，2017年的CBA累计观看人次达10亿以上，2017年的中超观看人次达9.22亿以上，而只是LPL（英雄联盟职业联赛）的观看人次就超50亿。不过中国的电竞赛事主要依赖客户端，但是未来也可能会像传统赛事那样有很多冠名广告，这是未来可以探索的领域。

打造数博会电竞品牌。区别于上海和深圳两个我国最大的电竞城市，贵阳缺乏电竞产业相关政策、电竞人口与资源，数博会需另辟蹊径，协同电竞协会及政府资源创办大型产业资源整合赛事，抱团打造民众参与度高、互动性强且具备地区特色的社区电竞文化，整合上游游戏厂商资源，集中中游平台资源，扩大下游创造性资源，以团结积极、健康电竞为核心，将电竞拼搏、不放弃的正能量精神向百姓传递，逐步完成电竞市场化自运营；促进大学生在网络时代的沟通、互动和交流，促进大学生业余生活的和谐与愉快；使来自各国的参赛选手超越专业及文化的障碍形成共同的精神纽带；提升城市知名度，打造贵阳竞技的名片；增强大学生对竞技体育的认识及兴趣的培养，推动高校电子竞技事业的发展，为高校电竞爱好者提供展现自己竞技水平的平台。

数博会品牌的价值跃升

徐奕洲

作为大数据领域具有国际性、权威性、专业性的行业盛会，数博会从一开始就得到了社会各界的广泛关注，在经过多届的成功举办后，数博会的品牌知名度和影响力也逐渐提高。数博会的品牌价值核心在于其在大数据行业中的重要地位和积极作用，以及推动大数据技术、应用创新及产业发展方面的贡献。数字经济和数字技术的发展迈入纵深，贵阳市大数据产业有限公司联合新华社中新社共同探讨，围绕数博会在打造更加重要和更具有影响力的品牌上也持续做出探索和革新，为推动数字经济发展做出新的更大贡献。

一、破题"永不落幕数博会"

新冠疫情暴发后，数博会开始探索建设"永不落幕数博会"，打破时间和空间的桎梏，打造365天"云上数博"展示形式，持续宣传践行数博理念，补齐"数博时间"外的内容短板，发挥数博长尾效应。为持续提升数博会品牌价值及国内外影响力，后续数博会将重点打造4个"数博系列"专题板块，进一步提升数博会的专业性、前沿性、权威性。

（一）创建"数博指数"板块，提升数博影响力

在数博会平台上创建全新的"数博指数"板块，通过在数博会上集中发布包括数字城市、政用大数据、数据交易等国内外大数据领域相关的各类重要指数，多维度、多层次地精要展示和凝练表达经济社会各领域发展进程、态势和趋势，将"数博指数"打造为大数据相关领域指数权威发布平台，力争做到"每会必有声、每声必强劲"。通过"数博指数"的常态化运营，以指数信息持续向经济社会重点领域传递价值，同时树立数博会深度融入、研究和服务产业的品牌形象，持续强化和提升品牌影响力。同时，在国家发展和改革委员会、国家信息中心、价格监测中心、农业农村部信息中心等的支持下，申请将已研发运营的近百支指数通过"数博指数"集中展示，通过持续发布打造"国际数据指数港"，实现"向上参考、向下服务"的功能。

（二）创立"数博参考"板块，增强数博品牌黏性

深挖数博会后延伸服务，不断发挥数博长尾效应，充分运用国家高端智库资源，创立"数博参考"板块，向参加过历届数博会的地方政府、行业组织和企业提供政策和产业经济类智库信息服务。"数博参考"细化为《数博参考》月刊和专题调研，《数博参考》月刊旨在为行业主管部门及企业高层提供极具价值的大数据产业、数字经济类信息服务。专题调研将聚焦大数据产业，以贵阳市为起点，围绕产业发展的方向、路径和模式等组织专题调研，深度挖掘形成范式，让"数字活市"可看、可感、可复制、可学习，不断丰富"中国数谷"内涵。"数博参考"服务既是深度开发历届数博会所积累的丰富资源的有益尝试，也是强化数博会与企业、产业的连接和交互，不仅增强了品牌黏性，还能持续稳定提升品牌势能。依托数博指数提升研究能力，创建数博参考提升服务能力，围绕数博会的核心品牌价值，初步架构起数博会品牌运营的基础闭环结构，为数博会的"乘风破浪"奠定坚实基础。

（三）补充"数博解读"板块，强化数博品牌权威

历届数博会均发布了白皮书，可追踪数字技术和数字经济的发展历程，并解读其发展脉络、趋势、作用和价值。在"数博解读"板块中，通过对白皮书进行质量评价，间接评估白皮书的过程方法和内容结果，对发布方形成无形约束，促使其提高工作质量，提高数博会发布的信息质量，积累专业认同，强化数博会信息发布体系的权威性和公信力。

（四）增设"数博测评"板块，提高数博服务质量

联动"数博发布"板块，与专业评测机构联合对包括数博会展商在内的大数据企业的方案和产品进行常态化评测，并形成测评报告。数博测评报告入库后通过数博会官网和小程序的"数博测评"专栏滚动展示，同时通过数博发布短视频渠道主动对外传播，提升数博会的多元性和专业性，持续扩大品牌声量。

二、叠加数博品牌效应

深入贯彻落实习近平总书记视察贵州重要讲话精神,抢抓新国发2号文件重大机遇,围绕"一会一所一城一中心"四大品牌建设,紧盯数字活市这一发展路径,加快数字经济四大品牌有效联动,发挥叠加效应,做强数博会影响力,推进更高水平的对外开放。

(一)建设品牌联盟

以建设数字经济品牌联盟为思路,形成以"一会"(数博会)为展示窗口,以"一所"(贵阳大数据交易所)为交易平台,以"一城"(贵阳大数据科创城)为立足基础,以"一中心"[国家大数据(贵州)综合试验区展示中心]为成果展示平台,补全服务链,提升价值链,探索数字经济品牌产业链贵阳样板。通过"一会"展示"一中心"的最新成果和最新模式,挖掘数字经济相关最新行业信息,策划以数字经济为主题的论坛、发布等固定活动,在数博会上持续发出以贵州数字经济发展为样板的中国声音;以"一所"为数据交易的平台,探索构建安全合规、集约高效的数据要素流通交易市场生态,在数博会现场交易一批,以"一城"为大数据领域成果转化落地的土壤,探索构建技术、资本与承载资源无缝对接的成果转化模式,提供最优的营商环境,促进大数据领域技术成果在中国数谷落地生根、发展壮大。

(二)助力品牌传播

跟随贵阳对外开放合作交流的脚步,在更多对外活动中亮相,不断加强"一会一所一城一中心"的深度绑定,强化"一城"的城市名片,亮出"一所"的数字交易牌照,借助"一会"的品牌影响力,巩固"一中心"展示交流的平台地位。构建全方位、宽领域、多层次的对外开放新格局和品牌宣传推广新局面,以数博会为平台汇总导入资源,实现外部资源引进来,与其他展会活动互动联动,配合招展、发布、推介等多项活动,实现贵州样本走出去。

网路千万条 安全第一条

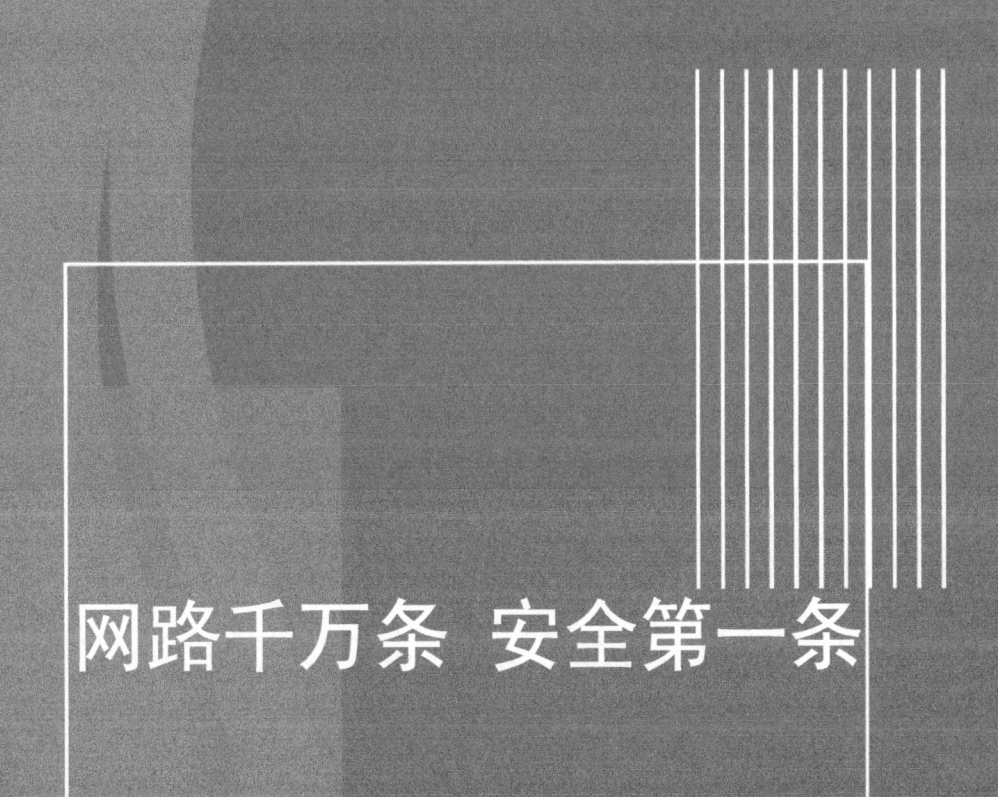

大数据时代下的数据安全

马宇

近几年，以大数据为核心驱动力的创新产业在国家大数据赋能和数字中国战略的背景下层出不穷，保护作为关键资产的数据免受安全威胁的侵害越发重要。全球范围内的数据泄露事件高居不下，超大规模数据泄露事件屡见不鲜，数据滥用和数据"裸奔"的情况屡屡发生。党的十八大以来，以习近平同志为核心的党中央高度重视网络安全工作，我国关于网络安全建设进程取得了重大进展，国家网络安全体系日益完善。习近平总书记指出："网络安全和信息化是相辅相成的。安全是发展的前提，发展是安全的保障，安全和发展要同步推进。"我国现已出台《国家信息化发展战略纲要》《国家网络空间安全战略》等一系列重要文件，旨在推进中国信息化建设和保障信息安全，对加快数字中国建设发挥了重要作用。

一、数据的生命周期

通常情况下，数据的生命周期是数据从被创建到被删除的过程。在这个过程中，数据的生命周期通常包括数据采集、数据传输、数据存储、数据处理、数据使用、数据销毁等。在数据的生命周期中，数据安全在数据采集、数据传输、数据存储及数据使用等阶段极易遭到不同程度的威胁。本文主要围绕数据安全展开研究，并从数据生命周期环节入手提供数据安全保障措施。

二、数据安全的风险

大数据代时威胁数据安全的因素，一是人为因素，如黑客攻击导致数据泄露，内部人员误操作导致不法分子有可乘之机；二是系统因素，系统出现漏洞极易导致重要数据被窃取，网络的开放性虽然能方便人们工作，但难以保证其安全性。下面将从数据流动风险和数据业务过程风险进行论述。

（一）数据流动风险

传统数据通常是单点采集且来源单一，每个模块数据的规模及所能产生价值都有限，做好加密、脱敏、阻断、数据库安全等操作，大部分安全问题就能迎刃而解。但在大数据环境下，在数据生命周期模型中，其中真正能体现和创造价值的环节是数据处理和数据使用，联合计算和数据维度越多，产生的价值也越多。在数据流动和大量汇聚的过程中，数据安全风险也随之而来。

（二）数据业务过程风险

相较于传统业务，大数据业务生态更加多层次多元化，从而导致数据的采集、传输、储存、使用复杂度比以往更高，如果数据被窃取，不法分子将会利用这些数据破坏组织的运作、进行诈骗及其他非法活动。大数据业务中带来的风险常见的有数据权限使用风险、共享交换风险及数据交易风险等。

三、大数据应用中的数据安全保障措施

数据安全保障必须以数据生命周期为主线进行风险分析，并提供解决方法。因此，我们需要从数据采集、传输存储、处理、使用、销毁等多环节进行全面的数据安全管控，在支持不同业务场景中，必须在保证数据集安全的前提下，满足业务需要。

（一）数据采集环节

1. 元数据管理

元数据是对数据结构化的描述，用来支持数据查询、联合分析及数据维护等功能，顾名思义就是数据的数据。例如，某个人的运动轨迹路线，常去体育馆就能大致推测出这个人比较爱运动。建立元数据管控体系实现元数据的安全管理，通过搭建元数据管理平台，与业务数据库进行同步并添加数据表，记录所属部门、开发人、责任人、安全等级及上下游表关系等查询,方便对接数据源,实现对元数据的安全管理。

2. 做好数据溯源

数据溯源技术在日常生活中随处可见,在食品安全、药品监管及物流供应链等案例中应用广泛。对原始数据进行分析和处理的目的是提取出有价值的目标数据,而数据溯源则是对已处理数据的历史信息进行追溯的过程。常见的实现数据溯源技术有区块链技术、时间戳技术、数字水印技术及使用数据日志等,这些技术自身都有优缺点和不同的使用场景,使用时需要分析现状并综合考虑业务需求。当发生数据安全问题时,可以通过数据溯源快速定位问题风险点及相关安全责任人。

(二)数据传输、存储环节

保障数据传输环节的保密性主要由 3 种方法来实现:一是使用 VPN(虚拟专用网络)技术建立不同安全域的加密传输通道进行数据的传输;二是使用密码学算法将明文转换成密文以保障数据传输安全;三是使用企业专用网络或私有线路传输数据。在数据存储环节可以采用数据备份、分离储存及硬盘加密等方式保证数据安全,定期对存储数据进行全量或增量备份及测试,常见备份方式有快照、磁盘阵列及异地备份等。

(三)数据处理环节

针对数据传输环节上传的加密数据,数据处理环节通常会对数据做解密、脱敏处理,然后分发到各业务模块加工使用,以保障敏感隐私数据的安全性。服务器对上传的加密数据使用相同的加密协议解密后采用脱敏技术,如使用正则表达式匹配后替换敏感信息或者使用 MD5 进行 Hash 脱敏。随后根据业务需求,分发脱敏数据至各模块使用。

(四)数据使用环节

1. 访问控制

访问控制技术是用来管理对系统、网络、应用程序和数据访问的一组技术方法。内部人员未授权访问等导致的信息泄露事件时有发生,因此访问控制技术是保障数据在有限范围内被使用的有效手段。搭建身份认证平台针对每种用户指定特定的安全策略、给予不同的访问数据权限、同时进行安全审计和监控，保证数据在合法范围内被使用。

2. 数据脱敏

数据脱敏通常称为数据的去隐私化，是一种在指定策略下修改或替换敏感数据的技术。大数据环境下，多源异构数据在聚合过程中使用数据脱敏技术既能解决敏感数据泄露，也能保护数据的可用性。数据脱敏按方法可分为静态脱敏和动态脱敏。静态脱敏通常应用在实时性要求不高的非生产环境。先将数据取出后传输至脱敏库，再对原数据库表字段内容进行匹配，配置敏感字段替换策略且进行识别，从而实现静态脱敏。动态脱敏则用于生产环境，通过对 SQL 语句进行解析，将解析出的敏感字段数据进行函数替换。

3. 异常行为监控

异常行为监控系统在大数据环境下应具有主动发现危险信号、识别安全等级及危险信号推送能力。该系统主要通过自动化技术采集分析异常行为，并对异常操作进行实时预警，及时定位问题并快速响应。告警内容包括检查点自动检测出的异常情况、用户风险操作、业务风险监控、安全配置基线异常点、资产可疑文件告警。

（五）数据销毁环节

作为数据安全的终点，为了确保被删除的数据不会被非法分子恢复，造成数据泄露。我们的目标是保证磁盘中的数据被永久删除，可以通过填充垃圾信息覆写硬盘、硬盘消磁、硬盘粉碎等技术进行数据销毁。

四、数据安全治理

数据安全治理是确保组织数据和信息资产不受未经授权的访问、使用及泄露等的过程。通过安全策略、安全技术、安全管理和安全实践保障企业数据资产价值最大化和业务目标的实现。下面主要介绍企业项目数据安全治理。

企业数据安全治理需要从组织、制度、技术层面入手，建立完善的企业数据安全管理体系。

（1）数据分类分级。将企业数据按照标准规范分成不同级别，识别企业数据在业务流程中的分布并为每个级别指定不同的安全策略和控制措施。

（2）数据安全风险评估。评估数据安全管理现状，发现潜在的数据安全风险，通常采取 Gartner DSG 和监管要求相结合的数据生命周期安全风险评估方法进行风险评估。

（3）制度体系建设。一是制度建设，建立完善的数据安全管理制度和数据安全认责策略；二是组织架构建设，建立数据安全管理组织架构和职责；三是流程建设，建立数据安全管理流程。

智慧城市的大数据安全问题

吴畅

智慧城市一词最早出现于 1984 年美国拉斯维加斯工业技术协会的名字，而这一概念在 IBM 公司总裁兼 CEO 彭明盛 2008 年在《智慧地球：下一代领导力议程》的演讲中得到了全面展现，即通过互联网将城市中的万物通过传感器连接反馈，通过网络实现对城市的实时感知，从而对整个城市的资源分配进行调控，达到可持续健康发展的目的。

智慧城市以往的呈现方式大多在科幻影视作品中，随着云计算、大数据、5G 通信技术、物联网等新兴技术的广泛应用，城市各方面深度信息化，进行资源高效整合和合理配置，推动城市信息化、智慧化、现代化发展智慧城市的基础设施全面铺开，一些围绕智慧城市建设的行业初见规模。2022 年 12 月 21 日，清华大学数据治理研究中心发布了《中国数字政府发展大中城市指数报告》，报告指出，我国智慧城市建设以公共数据共享开放为突破口，挖掘数字经济红利，市场规模近几年均保持 30%以上增长。智慧城市的大数据安全问题迫在眉睫。

一、智慧城市的安全现状

信息化的发展和新技术的运用，与智慧城市的安全问题紧密相连，网络信息安全遭遇空前严峻的挑战。习近平总书记明确指出，网络安全和信息化是事关国家发展、事关广大人民群众工作生活的重大战略问题，离开了网络安全就等于离开了国家安全。

当前，我国智慧城市建设如火如荼，在系统功能上可谓百家争鸣，但在一定程度上忽视了安全问题。目前，智慧城市系统安全问题主要表现为：一是从顶层设计和整体规划上对整个系统的安全问题考虑不足，这将给智慧城市的良性发展埋下隐患；二是从软件硬件双方面自主可控性来看，我国智慧城市系统存在底层的安全隐患；三是新技术的大量应用，带来了诸如个人信息保护、数据备份恢复等安全方面的相关问题。

二、智慧城市安全问题原因分析

智慧城市是通过数字化手段重塑城市的系统性、高交织、复杂性工程，是应用大数据、云计算、物联网、空间地理信息集成等新一代各类信息技术的新型智慧应用模式。

（一）安全理念相对滞后

智慧城市安全要求门槛较低，缺乏以底线思维从应用广度、覆盖规模等方面对城市带来的威胁隐患进行思考；以试错的心态，直接将测试系统运行在现实的环境中；智慧城市系统审批建设运维监测机制不完善。

（二）标准和数据安全机制不健全

政府信息系统在建设初期没有考虑数据的统一标准，数据存在分散、质量不高、可用性差的情况，同时数据缺乏统一的格式和对接标准，花费了大量的成本进行收集和整合。智慧城市的系统建设，在标准化和科学性方面，尚无法律法规或标准体系可以遵照。

（三）大数据安全运营人才匮乏

大数据作为一种新兴技术，随着各行各业的数字化进程加快，人才成为行业发展中最关键的限制条件，有数据显示，网络安全人才缺口每年高达50万人到100万人。而数据安全治理的行业差异性很大，面对不同的数据使用场景，对复合型的人才知识结构要求很高，跟进培养和供给大数据安全人才，是解除安全发展制约的当务之急。

（四）系统复杂度高速膨胀，对于管理体系造成冲击

智慧城市平台往往是在现有信息化系统的基础上进行的集合开发，原有系统在需求设计时，只注重解决自身需求，未顾及后期的融合发展、数据调度，而智慧城市平台是

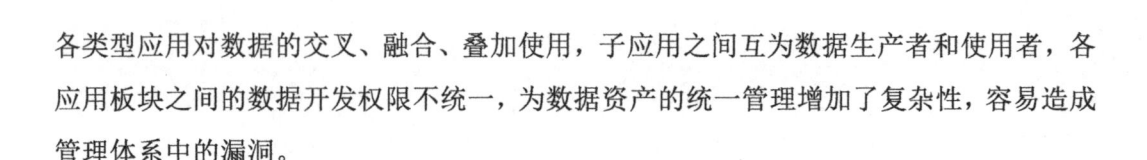

各类型应用对数据的交叉、融合、叠加使用，子应用之间互为数据生产者和使用者，各应用板块之间的数据开发权限不统一，为数据资产的统一管理增加了复杂性，容易造成管理体系中的漏洞。

三、构建智慧城市信息安全体系框架

智慧城市系统是顺应时代发展的产物，是信息通信技术发展的必然方向，有数据显示，89%以上的地级及以上级别城市都在建设智慧城市，要高质量推进新型城镇化建设，破解"大城市病"，智慧城市系统是首选的解决方案。为保障智慧城市健康发展，应思考构建智慧城市的信息安全体系框架。

（一）加强智慧城市信息安全顶层设计

充分发挥政府部门在智慧城市建设中的主导作用，精细顶格部署，成立智慧城市信息安全保障领导小组，制定完善战略政策，明确分工责任，细化落实统筹工作，高水平推进政府、智慧城市建设方、数据运维方三方在信息安全保障机构中的协同分工。

（二）构建智慧城市纵深安全防御体系

智慧城市信息系统是感知、信息通信、云计算、大数据、人工智能等各种新技术新应用的复杂叠加态，要保障整体系统的安全运行，就必须全面从新技术新应用的薄弱环节入手，分析系统所存在的威胁；从数据采集、存储、访问、使用、销毁等全生命周期内各环节，包括数据规划、采用标准、逻辑模型设计、物理模型设计、数据创建、数据变更、数据应用、数据归档到销毁等所关联的人（规划设计者、开发设计者、运行管理者、安全管理员、用户等）、事（立项、规划、设计、开发、实施、运维等）、物（传感器、通信设备设施、数据机房、计算设备设施、安全设备设施等），全方面梳理薄弱点制定防护措施，以建立从时间到空间纵深覆盖的保障体系。

（三）构建智慧城市信息安全框架体系

围绕关键信息基础设施安全风险、智慧城市数据存储与传输应用特性、特定风险与隐患等方面，评估采用最优复合型系列措施方案，构建智慧城市信息安全框架模型。以保障关键基础设施为重点，分析城市现状和实施的主要目的，掌握系统技术特点和难点，为确保关键信息基础设施网络安全，有针对性地制定防范措施；以保障环境安全为基点，通过数据本身安全检查评估、分级分类加密智慧城市数据存储传输、应急响应等方式，提升数据安全保障技术可靠性；以加强操作系统安全系数为保证，同时辅以隐私保护、身份认证、云存储安全等技术，保证智慧城市数据稳定应用。

（四）完善智慧城市信息安全评估机制

现有的网络安全评价机制主要有《网络安全等级评价保护制度》和《网络安全法》确立的关键信息基础设施保护制度。2021年6月颁布的《数据安全法》，按照数据在经济社会发展中的重要程度进行分类分级保护，从风险评估、报告、信息共享、监测预警等方面加强整体协调。同时，建立数据安全应急处理机制，防止危害扩大，杜绝安全隐患发生；建立对可能影响国家安全的数据处理活动进行国家安全审查制度。根据法规确立方向，通过规章标准等明确具体技术措施，目前在数据安全类别中，主要有数据安全能力成熟度模型（DSMM）、数据管理能力成熟度评估模型（DCMM）等国家标准，通过评价评估体系有效保护，满足数据处理者履行数据安全保护责任义务，也保障了数据资源开发利用、激活数据要素价值的需要，促进了数据安全产业的高质量发展。

（五）完善智慧城市数据安全制度体系保障

建立齐抓共管的联席制度，畅通网信、大数据、公安等主管部门联合机制，参与大数据安全管理，通过建立健全组织制度进行保障。从工业、教育、科技、文旅等行业主管部门各自入手，形成各政府主管部门的数据安全保障体系，对数据采集到销毁的全过程进行规范和推进，在智慧城市复杂性系统较高的情况下，对数据重复调用的过程建立安全保障体系，加强对各类风险中能够有效防范或化解的安全问题启动快速恢复流程，以法律法规、标准规范等方式对数据安全进行保障和指导。

（六）加强人才队伍建设

探索各种网络安全人才培养模式，找到适应网络安全人才技术要求高、培养投入时间长的有效方式，吸引更多人才投入网络安全，提升网络安全技术实力，通过人才资质认定、项目人才培养等方式，对专业人才进行能力评估，从而引导企业选人用人，同时促进行业人才找到专业技能提升的途径，促进人才投入到数据安全治理全过程，带动解决数据安全建设过程中人才缺乏的问题。

基于大数据的智慧城市建设，来源于生产生活的方方面面，在提供便利的同时，一旦发生大数据安全问题就会涉及生产生活的方方面面，需要引起高度重视。人人皆为参与者，都应高度关注大数据安全问题。不断完善和加强大数据安全的规章制度，并在智慧城市建设中的各个方面预防和保障大数据安全，共同提高大数据安全技术的普及，全方位、多角度、多层级来保障智慧城市的建设发展。

借助"云上"赋能，保障数据安全

李浩

2018年11月13日，贵州省政府印发了《贵州省推进"一云一网一平台"建设工作方案》，该方案要求打造承载全省政务数据和应用的云上贵州"一朵云"，以云上贵州"一朵云"聚合全省各级各类政务数据和应用，面向全省提供统一的云计算、云存储、云管控、云安全等云服务。贵阳块数据城市建设有限公司（以下简称"块数据公司"）在"一云一网一平台"已构建的云、网络、数据、安全和体系等坚实基础上新建安全运营中心，旨在提升云安全保障能力，为政府提供规范化、专业化云服务，驱动提升"一网通办、一网统管、一网协同"建设成效，持续提升安全防护能力和体系，构建"云—数据—安全"一体化的基础支撑体系。

块数据公司目前运营的6个政务云节点，目前，各个节点已经通过了等级保护测评，网络架构方面通过划分不同的网络区域实现业务网、管理网的安全隔离和管理，重要网络区域与其他网络区域之间采取标准可靠的技术隔离手段；跨越边界的访问和数据流可通过边界设备提供的受控接口进行通信；边界设备具有检测、防护网络攻击行为的能力；可对系统管理员进行身份鉴别，具有通过特定的命令或操作界面进行系统管理的能力；有专业运维人员对设备进行巡检。各个政务云节点过运营管理专线将每个节点的安全日志发送至沙文产业云汇聚到后端的态势感知平台，进行统一的监测和分析。

现阶段云平台接到多部门的安全云能力、安全服务要求，其中包含系统护网、安全项目建设、扫描、应用日志审计、数据库审计、检查、评估、安全整改、监测、应急处置、安全规划、安全教育等安全服务需求。为解决平台及用户的安全问题，推动安全产业生态升级，建设了安全运营中心。为贵阳市政务云打造了云平台监测协同平台，保障云平台安全，并依托监测平台形成安全大数据中心，以数据为核心驱动块数据公司安全业务发展，建设云安全市场、安全服务中心，提供安全服务能力，促进网络安全业务的快速安全扩张。

安全运营中心的云安全防护采用"一个中心三重防护"模型和云计算环境保障体系模型组成重防护体系结构。安全运营中心服务内容有以下几点：一是基于对平台的资产进行全盘漏洞扫描，包括物理主机和云主机、网络设备、安全设备、数据库、中间件等，发现各资产漏洞或未知资产，形成完整的资产清单。安全运营中心提供网络侧暴露资产的全生命周期管理及对未知资产的首次发现进行脆弱性标记服务，对每个资产和其承载的业务进行梳理分析，结合业务类型及业务安全需求和重要程度进行归纳，最终形成有效的、针对性的相关资产报告。二针对网络中的攻击、病毒、木马、端口扫描等各类攻击事件进行监测、分析，并针对安全事件提出相应的处置建议。三是通过建立安全分析与响应机制，从安全分析、取证溯源和应急响应等方面对发现的安全事件进行分析、取证和响应。

在能力方面，安全运营中心具备网络安全监测能力、网络安全风险监测能力、网络安全事件分析能力、网络安全事件应急响应能力、网络安全事件闭环管理能力、重大活动保障支撑能力等。网络安全监测协同平台为贵阳市政务云的关键信息基础设施和政务云上的业务系统提供常态化的安全监测、分析、预警、应急响应等服务，实现对网络安全事件的可视、可管、可控。通过在关键节点部署探针，采集政务云上互联网和政务外网区域关键信息基础设施的安全信息，实现对政务云网络安全事件进行 7×24 小时监测、分析、研判、预警、处置，主动发现网络中的各类安全攻击和入侵行为，并提前进行风险预警，从而实现网络安全事件的可视；多部门协同网络安全事件处置机制，在监测子平台发现安全事件后，第一时间采取对安全事件进行处置，实现对网络安全事件的可管；完善网络安全事件应急响应机制，对网络安全事件进行分别分类，制定相应的应急预案并定期进行演练，在需要对安全事件处置进行配合时，能立即进行事件应急和溯源追踪，实现对网络安全事件的可控，并进一步推动客户安全能力提升，驱动安全业务发展。

在技术方面，一是安全防护技术通过安全网关、安全检测、WEB 应用防护等设备，提供防火墙、防病毒、入侵防御（IPS）、内容安全、抗 DDOS、关键字过滤等多种功能，同时支持 ISIS、BGP、OSPF 等路由协议，高可用、日志审计、QoS 等功能，保障平台网络边界的安全防护能力。二是安全检测技术采用网络探针设备、特征检测、异常行为检测、威胁情报、黑白名单等多种技术结合，通过这种方法对全网络流量数据包的深度解析，对各类型网络威胁进行全面有效的检测，同时通过配置相关策略，让探针设备记录全部的网络流量，当发生网络安全事件后，根据记录的事件日志，对攻击事件进行回溯分析和追踪取证。三是数据采集技术，通过对各类设备可提供的数据接口，除了可采集各类设备或安全系统上报的网络安全事件信息。基于大数据架构的数据处理技术，采用分布式的信息处理及索引节点，可将繁重的分析处理任务分摊负载到若干个处理节点

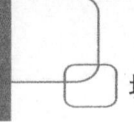

并行运算,并由管理中心节点对处理结果进行统筹和调取。四是在安全态势分析技术实现在线安全监测、威胁分析和态势分析的过程中所需要的大数据分析计算能力。五是预警通告处置技术,通过设置安全策略规则,使触发规则来发出告警或预警,包括各种类型的安全信息或安全态势感知分析结果等作为条件来触发告警或预警,同时平台也支持用户灵活组合安全信息来形成触发条件。六是数据存储技术,安全事件信息采用多种日志数据格式进行存储,包括关系型数据存储、分布式文件存储、消息总线等,提供了大量外围组件满足各类应用场景需求,支持配置数据、结果数据等的存储,完成数据的存储、查询、分析统计等功能,支持海量数据的检索,包括模糊检索、精确检索、条件组合检索等,支撑实时数据的监测、报警等在线处理。七是安全开放技术为了规避烟囱式的应用建设开发,满足多种分析应用接入要求,提供了数据开放所需要的服务开发、部署、授权访问、监控等方面的功能。八是安全呈现技术采用安全威胁分析与预警平台的可视化展现为应用提供全方位的基础技术服务和先进的可视化技术,实现从业务管理、生产操作、决策等方面可视化。

在人员方面,安全运营中心具备专业的网络安全运营人员,有安全监测人员、安全分析人员、安全处置人员、安全运维人员为安全运营中心提供日常安全监测分析、应急响应、通知通报、脆弱性检查、安全巡检考核评价等相关工作,并进行驻场支持,实时掌握贵阳政务云相关业务系统安全状况;还为非驻场的其他专业安全服务人员提供包括安全上线检测、渗透测试、重保、红蓝对抗主动性验证测试等服务;以及为管理人员提供所需要的人员组织、制度建设、团队管理等综合性服务。

在物理环境方面,安全运营中心还有独立的物理环境作为监测分析中心、指挥中心,提供大屏可视化展示环境及运营人员的工作办公环境、会议环境、对外展示参观环境。

此外,安全运营中具有完备的安全通报与处置,主要包括通知与通报、安全事件处置和安全加固与策略优化,及时向运营者和监管方通报安全信息,并对发生的安全事件进行处理,同时对信息系统进行安全加固和策略调整,以应对各种安全威胁。

一是通知与通报。在安全运营过程中,对安全运营相关的信息及时向运营单位和监管单位进行通报,供相关方了解并采取相应的安全应对策略。在事前根据预警信息和态势感知信息等向相关方进行预警通报,在事中对发现的安全事件进行通报,在事后对安全事件的分析和处置结果进行通报等。

二是安全事件处理。对发生或发现的安全事件进行处理,对信息系统运行时出现的各类重大安全问题、系统故障进行及时有效的分析,输出相应的安全事件处理报告,降低安全事件导致的安全风险。

三是安全加固和策略优化。通过专业的检查工具和评估方法,出具安全评估报告,报告内容主要包含存在安全问题和加固建议,对存在的安全问题进行加固消除业务系统上的安全漏洞,提升业务系统安全防护能力。同时,根据安全运营的实际情况和特定需求,对安全运营的监测、分析和处置等安全策略进行优化设计,使安全运营工具和服务更好地作用于安全运营工作。

安全运营中心从安全防御能力、安全监测能力、安全服务能力几个方面,部署安全运营工具、安全运营大数据平台、安全运营管理平台、大屏可视化等,实现了安全事件可分析、攻击可溯源、管理可闭环,利用多媒体、可视化互动技术构建贵阳市政务云网络安全"运营一张图"。

关于构建大安全体系的思考

吕虓

随着数据资源日趋丰富，大数据技术不断创新，数据应用层出不穷。与此同时，网络安全、数据安全形势异常严峻，黑客攻击、网络病毒等威胁着数据资产安全，个人数据隐私侵犯时有发生，大数据安全保障愈加重要。党的十八大以来，以习近平同志为核心的党中央高度重视网络安全、数据安全工作。2014 年 2 月 27 日，习近平总书记在中央网络安全和信息化领导小组第一次会议上强调：没有网络安全就没有国家安全。2017 年 12 月 8 日，习近平总书记在中共中央政治局就实施国家大数据战略进行第二次集体学习时指出：要切实保障国家数据安全，加强关键信息基础设施安全保护，强化国家关键数据资源保护能力，增强数据安全预警和溯源能力。2018 年、2019 年，习近平总书记向中国国际大数据产业博览会致贺信时，分别指出要"处理好数据安全、网络空间治理等方面的挑战"，"处理好大数据发展在法律、安全、政府治理等方面挑战"。2022 年 4 月 20 日，习近平总书记在主持召开中央全面深化改革委员会第二十五次会议强调：要始终绷紧数据安全这根弦，加快构建数字政府全方位安全保障体系，全面强化数字政府安全管理责任。2022 年 10 月，党的二十大报告指出：要强化重大基础设施、网络、数据等安全保障体系建设。

一、大安全体系定义

区别于传统安全，大安全是所涵盖的空间和范围更广、管理理念层次更高、管理方法更加丰富，如大安全的管理具有专业化、网络化、大数据、人工智能、资源共享等特征。大安全又分为广义大安全和狭义大安全，其中，广义大安全是指人类社会共同面对的重大安全问题，如我国提出的总体国家安全观就涵盖了政治、军事、国土、经济、金融、文化、社会、科技、网络、粮食、生态、资源、核、海外利益、太空、深海、极地、生物、人工智能、数据等诸多领域；狭义大安全是指具体区域、领域和事件的经济和安全等风险。

城市大数据是在城市运转过程中产生或获得的数据，数据的全生命周期包括数据采集、数据存储、数据传输、数据加工、数据利用和数据销毁等环节。城市大数据大安全体系的构建,就是要保障城市网络和数据的全生命周期安全。

二、大安全体系建设思路

城市大数据广泛存在于经济、社会各个领域和部门,具有数据资源种类多、数据规模体量大、速度增长快、实时性要求高、跨部门和跨行业流动性强等特性,构建城市大数据大安全体系是一项系统工程,需要从组织保障、顶层架构、技术支撑、人才培养、产业发展、法律规范等方面通盘考虑,形成综合性安全体系构建方案。

(一)组织保障体系

强有力的组织架构是推动各项工作落地的前提和保障。为了推动网络安全和数据安全落地,在国家层面,成立了中央网络安全和信息化委员会,负责重大工作的顶层设计、总体布局、统筹协调、整体推进、督促落实,中央网信办、公安部、工业和信息化部、国家数据局等部门根据各自职责,牵头各项工作。在地方政府层面,不仅成立了网络安全和信息化委员会及网信、公安、工信、大数据等职能部门,各地还结合地方实际,成立了相应的行业主管部门,据统计,自2017年2月贵州省大数据发展管理局成立至今,有近20个省在省级层面成立了大数据管理局,统筹大数据、信息化、智慧城市、数据中心等相关工作。不少地区还成立了大数据安全、网络安全领域的工作领导小组、专家委员会或行业协会,作为行业发展的重要补充。

(二)顶层架构体系

考虑到城市大数据安全是一项系统工程,涉及领域众多领域和部门,因此,在顶层架构上,需要明确城市大数据大安全的架构体系。近年来,随着"放管服"、数据开放共享、数据交易的深入推进,以及政务大数据、智慧城市和数字新基建的快速发展,城市大数据的管理呈现集约化发展态势,即通过构建城市运行统一调度平台,实现城市数据资源的汇聚,通过对数据的分析应用,实时、全面、准确掌握城市的特征状态,提高城市现代化治理能力和水平。随着党的十九届四中全会将"数据"作为生产要素参与分配，意味着我国正式进入"数字经济"红利大规模释放的时代。数据的集约化管理在未来的发展过程中成为一种趋势，当所有数据都汇聚到一起之后，与之伴随的网络安全、数据安全就显得越发重要，这里既有云平台的安全问题，也有云租户自身的安全问题。因此，需要从顶层架构设计上，厘清各自的安全责任和义务，并系统化考虑安全防护策略，确保安全措施不留死角。

（三）技术支撑体系

从数据要素全生命周期的角度来看，城市大数据包括数据采集、数据存储、数据传输、数据加工、数据应用和数据销毁等环节，每个环节需要用到不同的关键技术。在数据采集环节，需要用到分布式高速高可靠数据爬取或采集、高速数据全映像收集等技术；在数据存储环节，需要用到 TDE 透明数据加密、数据库加密网关、数据库外挂加密、DLP 终端加密、TFE 透明文件加密、FDE 全磁盘加密、灾备等技术；在数据传输环节，需要用到数据加密、对称密钥加密、非对称密钥加密、组合加解密、数字签名等技术；在数据加工环节，需要用到数据分类分级、相似关联、隐式搜索、数据挖掘、机器学习等技术；在数据应用环节，需要用到隐私计算、联邦学习、同态加密、数据融合、数据建模、数据可视化等技术；在数据销毁环节，需要用到化学腐蚀、物理破坏、消磁、数据覆写等技术。以上各种技术不仅仅只适用于某一环节，有的技术作为数据安全管理理念，适用于数据全生命周期。

从数据来源角度看，城市大数据主要来自于政府部门、关键信息基础设施、工业互联网、物联网终端、云端系统、移动终端等领域，因此，结合行业特性，还需要形成相应的技术支撑。

（四）人才培养体系

人才是城市大数据安全发展和应用的第一资源，网络空间的竞争，归根结底是人才的竞争。目前，我国有近 300 所高校设立了网络空间安全类专业，其中 11 所高校获评国家一流网络安全学院建设示范高校。网络安全、数据安全在看重学习的同时，更需要实战经验，近年来，网络安全工程师（NISC）、国家注册信息安全专业人员（CISP）、国

家注册渗透测试工程师（CISP-PTE）、国家注册信息系统审计师（CISP-A）、国际注册信息安全专家（CISSP）、国际注册信息系统审计师（CISA）等行业资质认定也实现了快速发展。但网络安全、数据安全人才依然稀缺，据统计，目前我国网络安全人才缺口将近200万人，到2027年预计缺口将达327万人。

（五）产业发展体系

大数据及网络安全产业发展是城市大数据大安全体系构建的重要支撑，只有产业发展了，才会汇聚与之匹配的技术和人才，相关安全措施才会得到落地实施。根据《中国网络安全产业研究报告（2022年）》测算，2021年中国大数据及网络安全产业规模约2000亿元，平均营业增速超20%。另据中国信通院发布的数据，目前我国从事大数据及网络安全相关业务的企业约3000家。2023年1月，工业和信息化部等十六部门发布了《关于促进数据安全产业发展的指导意见》，指出数据安全产业是为保障数据持续处于有效保护、合法利用、有序流动状态提供技术、产品和服务的新兴业态，到2025年，数据安全产业基础能力和综合实力明显增强，产业生态和创新体系初步建立，产业规模超过1500亿元，年复合增长率超过30%，建成3~5个国家数据安全产业园、10个创新应用先进示范区。

（六）法律规范体系

法律法规具有权威性、规范性、稳定性和强制性的特征，是政府有效地管理经济社会活动、对社会成员行为进行有效约束的重要手段。城市大数据不仅与个人隐私、企业商业秘密息息相关，还与城市安全和国家安全密不可分，因此，需要从法律法规层面加强对安全的保障。近年来，我国高度重视网络和数据安全法律规范体系的制定工作（见图1）。在体系顶层，制定了《国家安全法》，明确"国家建设网络与信息安全保障体系，提升网络与信息安全保护能力"；在重点领域层，分别于2017年6发布了《网络安全法》，2021年9月发布了《数据安全法》和《关键信息基础设施安全保护条例》，2021年11月发布了《个人信息保护法》；在细分领域层，先后制定了《商用密码管理条例》《密码法》《网络安全审查办法》《数据安全管理办法（征求意见稿）》《网络产品安全漏洞管理规定》《计算机信息系统安全保护条例》《网络数据安全管理条例（征求意见稿）》

《网络安全等级保护条例（征求意见稿）》等系列法律法规和标准规范。随着互联网、大数据、云计算、人工智能、区块链等新一代信息技术的加速创新，日益融入经济社会发展各领域全过程。未来，与之匹配的法律法规将陆续出台。为了适应大数据安全发展的需要，各地方政府也在不断探索出台相应法规，例如，2019年10月，贵州率先以地方性法规方式，颁布了我国大数据安全领域第一部地方性法规《贵州省大数据安全保障条例》。

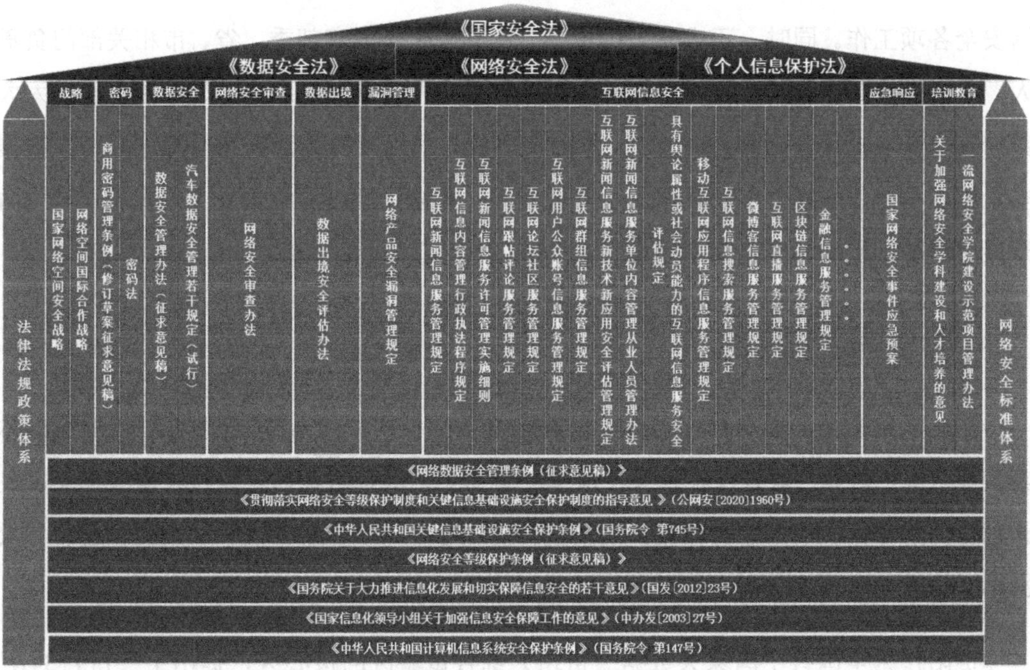

图 1　国家网络空间安全法律法规政策体系

三、大安全体系建设的贵阳贵安实践

贵州是全国首个国家大数据（贵州）综合试验区，2016年，国家发展和改革委员会、工业和信息化部、中央网信办在《关于贵州省建设国家大数据（贵州）综合试验区有关事项的复函》中，明确指出贵州"要在保证国家安全、网络安全、数据安全和个人隐私保护的基础上，进行大胆探索，创新发展"。

（一）组织保障体系

为贯彻落实中央有关精神，全力推进全国首个国家大数据（贵州）综合试验区建设，保障城市大数据安全。在组织架构上，贵州省不仅在全国率先成立省级大数据发展管理局，还在全国率先成立由省级党委和政府领导共同担任组长（双组长），各市、州人民政府和省直各有关单位主要领导任成员的省级大数据安全领导小组，统筹协调全省大数据安全各项工作。同时，还成立了由中国工程院院士，国家部委、省、市相关部门负责人，高校相关专业教授，相关企业负责人等组成的大数据及网络安全专家委员会，为大数据安全发展提供智力和技术支撑。贵阳市也成立了相应的大数据发展管理局和大数据安全领导小组，统筹全市大数据安全产业发展，并强化网络与数据安全通报机制，全面开展关键基础设施和重大信息系统等级保护工作。

（二）顶层架构体系

在技术架构上，贵州构建了大数据及网络安全"八大体系"，分别为：保护组织体系、预防保护体系、监管保护体系、应急处置体系、综合防护体系、技术服务体系、人才教育训练体系、工作支撑体系，从组织管理、安全预防、监管保护、应急处置、技术防护、技术服务、人才教育训练和工作保障8个方面推进落实。

贵阳作为全国首个国家大数据（贵州）综合试验区的核心区，提出了"1+1+3+N"大数据安全发展总体思路，即1个大数据及网络安全试点示范城市、1个国家大数据安全靶场、3个中心（政府监管中心、技术创新中心、应用示范中心），N个大数据安全应用场景。其中，贵阳大数据及网络安全试点示范城市于2017年4月获得公安部授牌；贵阳国家大数据安全靶场于2018年5月获得公安部揭牌，是全国首个国家大数据安全综合性靶场；政府监管中心、技术创新中心、应用示范中心先后于2017年、2018年完成建设。

2022年1月，《国务院关于支持贵州在新时代西部大开发上闯新路的意见》（国发〔2022〕2号）指出，支持贵州建设数字经济发展创新区。贵阳贵安作为全国首批8个国家算力枢纽节，正在全力构建"数盾工程"，为全国一体化算力枢纽节点提供安全保障。

（三）技术支撑体系

贵阳贵安高度重视大数据安全技术的发展，先后建成了全国首个大数据国家重点实验室（贵州大学省部共建公共大数据国家重点实验室）、首个大数据国家工程实验室（原提升政府治理能力大数据应用技术国家工程实验室，现转化为国家工程研究中心）、全国首个国家大数据安全靶场，以及贵州大数据安全工程研究中心等一批大数据科研创新平台，在全国首创了以一座城市真实网络系统为靶标的实网攻防演练，在数据安全跨网传输、数据交易、网络空间智能攻防、物联网传感器安全、区块链、数字孪生城市构建等领域取得了一系列突破性成果，贵阳贵安也是全国首个大数据安全认证示范区。

（四）人才培养体系

据统计，近年来，贵阳贵安人才净流入率保持在7%以上，成为全国中高端人才净流入率较高的城市之一，越来越多的人才选择贵阳、扎根贵阳。但与此同时，网络安全、数据安全仍然是贵阳贵安人才的短板，在坚持"引进来"的同时，贵阳贵安也持续加大本地人才的培养力度。贵州大学、贵州师范大学、贵州理工大学等高校相继设立了网络安全、数据安全相关学院或者专业，为贵阳贵安大数据安全产业发展提供了人才支撑。此外，贵州还相继建立了一批大数据人才实训基地，贵阳国家大数据安全靶场等平台提供了人才实训、实网攻防演练等功能，旨在进一步聚集大数据人才，着力破解人才短缺难题，提升人才综合素质和实战能力。

（五）产业发展体系

为推动大数据安全产业加快发展，贵阳于2017年启动全国首个以大数据安全为主导、占地面积1000余亩的大数据安全产业示范区建设。截至目前，贵阳大数据安全产业示范区一期已建设完成并投入使用，引进百度、奇安信、360集团、闪捷信息、聚光科技、中国网络安全审查技术与认证中心等国内知名企业、上市公司、权威机构130余家，初步形成大数据安全软件、硬件、服务全产业链。此外，随着"东数西算"工程的落地和贵安科创城的快速发展，一大批应用场景将相继在贵阳贵安落地，届时，围绕大数据产业发展和数字经济全生命周期，将有更多的大数据安全、网络安全企业落户贵阳贵安，成为全国大数据安全产业发展的新高地。

（六）规范标准体系

贵阳贵安充分发挥在大数据领域的先行优势、先发优势，在规范、标准领域勇于探索、大胆创新。2017年3月，贵阳发布了全国首个地方数据共享开放条例——《贵阳市政府数据共享开放条例》，明确了数据采集汇聚、数据共享、数据开放的范围和注意事项，也为保障数据安全提出了明确要求。2018年10月，全国首部大数据安全管理的地方性法规《贵阳市大数据安全管理条例》正式施行，这是贵阳围绕大数据在地方立法实践上的一次重大突破。该条例从大数据安全管理的适用范围、相关概念及遵循的原则、数据安全责任单位履行数据安全保护的职责义务、政府部门的职责与分工、监督检查和法律责任、监测预警与应急处置等多方面做了明确规定。此外，贵阳贵安还充分利用国家技术标准创新基地（贵州大数据）的优势，推动形成了DSMM（数据安全能力成熟度模型）等一批数据安全、网络安全领域的国际、国家或行业标准。

通过系列体系的建设，贵阳大数据安全实现了较快发展。2020年5月，由大数据战略重点实验室研究编著，社科文献出版社出版的《大数据蓝皮书：中国大数据发展报告No.4》显示，在中国36个大中城市（不含港澳台）中，贵阳"大数据安全指数"排名第一。